A EXPERIÊNCIA DO *STATUS*

FUNDAÇÃO EDITORA DA UNESP

Presidente do Conselho Curador
Mário Sérgio Vasconcelos

Diretor-Presidente
José Castilho Marques Neto

Editor-Executivo
Jézio Hernani Bomfim Gutierre

Conselho Editorial Acadêmico
Alberto Tsuyoshi Ikeda
Áureo Busetto
Célia Aparecida Ferreira Tolentino
Eda Maria Góes
Elisabete Maniglia
Elisabeth Criscuolo Urbinati
Ildeberto Muniz de Almeida
Maria de Lourdes Ortiz Gandini Baldan
Nilson Ghirardello
Vicente Pleitez

Editores-Assistentes
Anderson Nobara
Jorge Pereira Filho

ALEXANDRE BERGAMO

A EXPERIÊNCIA DO *STATUS*
ROUPA E MODA NA TRAMA SOCIAL

© 2007 Editora Unesp

Direitos de publicação reservados à:
Fundação Editora da Unesp (FEU)
Praça da Sé, 108
01001-900 – São Paulo – SP
Tel.: (0xx11) 3242-7171
Fax: (0xx11) 3242-7172
www.editoraunesp.com.br
www.livrariaunesp.com.br
feu@editora.unesp.br

CIP – Brasil. Catalogação na fonte
Sindicato Nacional dos Editores de Livros, RJ

B433e

Bergamo, Alexandre

A experiência do *status*: roupa e moda na trama social/ Bergamo Alexandre. – São Paulo: Editora Unesp, 2007.

Inclui bibliografia
ISBN 978-85-7139-786-6

1. Moda – Aspectos sociais. 2. Vestuário – Aspectos sociais. 3. Identidade social. 4. *Status* social. I. Título.

07-3598. CDD: 391
CDU: 391

Este livro é publicado pelo projeto *Edição de Textos de Docentes e Pós-Graduados da Unesp* – Pró-Reitoria de Pós-Graduação da Unesp (PROPG) / Fundação Editora da Unesp (FEU)

Editora afiliada:

*Para
Lucas, Bia e Gabriel*

Agradecimentos

Gostaria de agradecer a todas as pessoas, e não foram poucas, que de alguma forma contribuíram para a realização deste trabalho. Dentre elas, gostaria de fazer um agradecimento especial ao estilista Alexandre Herchcovitch e seu assistente Maurício, que me possibilitaram uma visão privilegiada do trabalho que vinham desenvolvendo. À estilista Thais Losso, primeira pessoa a me fazer compreender o que é a criação aplicada ao estilo. À Profa. Vera Lígia Pieruccini Gibert, da Faculdade de Moda Santa Marcelina, que possibilitou meu ingresso ao que seria o mundo da moda no sentido profissional do termo. Ao Prof. Carlos Mauro Fonseca Rosas, pela atenção, dedicação e por muitas vezes me guiar por entre as nuanças desse mundo. Ao pessoal da Editora Símbolo, em especial à Marina Torquato, à Gabi e à Henriqueta, por terem me aberto as portas e permitido que eu acompanhasse o trabalho da produção de moda. Ao Jurandy, por ter me possibilitado o acesso aos arquivos e ao evento Phytoervas Fashion. Ao Alexandre Milito (Unifran), responsável por meus negativos, por seu *know-how* e seu cuidado com minhas fotos. À Lelô e ao David, por terem me hospedado nas diversas vezes em que eu precisei ficar em São Paulo pesquisando. À Flavinha e ao Sávio, por terem me oferecido espaço e condições de trabalho durante minha estada em Fortaleza. Ao Paulão, amigo-irmão, pelas críticas e por sempre acreditar em meu trabalho. E a todos do Nidem/Núcleo Interdisciplinar de Estudos de Moda, pelo espaço para pesquisa e pelas discussões.

Gostaria de dedicar um agradecimento especial à Profa. Heloísa Pontes e ao Prof. Leopoldo Waizbort. Tentei incorporar, dentro do possível, as sugestões por eles feitas durante a defesa de minha dissertação. As sugestões não incorporadas aqui devem ser creditadas unicamente a minhas limitações pessoais. Ao Sérgio Miceli, pela paciência e pelas críticas. Se o trabalho que aqui se apresenta tiver algum valor, então ele deve ser creditado, em grande parte, ao Sérgio. Nele encontrei as críticas mais severas. Nele encontrei também um modelo ético e de conduta profissional.

À minha mãe e ao meu pai, por seu apoio incondicional. À Aninha, pelo estímulo, pelo carinho, pela compreensão e por sempre estar ao meu lado. Se ela e a Bia não tivessem entrado em minha vida, não sei se um dia teria finalizado este trabalho.

Esta pesquisa foi realizada com recursos do CNPq através de uma bolsa de mestrado no período de agosto de 1995 a dezembro de 1997.

Sumário

Prefácio   11
Introdução   21
Jogo de espelhos   31

O campo da moda   67
1 Direito de pertença   69
2 Às margens   121
3 Empresários e oráculos   147
4 Erros e acertos   181
5 A experiência do *status*   209

Referências bibliográficas   223

Prefácio
O *status* das roupas: moda e experiência social

"Não tem nada aqui que interesse à USP". A frase, curta e direta, foi emitida em voz alta momentos antes do início de um dos desfiles mais concorridos do "mundo da moda" brasileiro. A intenção era barrar a entrada de Alexandre Bergamo no Morumbi Fashion de 1998. Apresentando-se como pesquisador, ele foi interpelado pela pessoa responsável pelo acesso de fotógrafos no recinto, assim que ela se deu conta de que ele não pertencia a nenhum dos veículos de imprensa autorizados a "cobrir" o evento. Afirmando seu direito de estar ali como pesquisador, Alexandre recebeu de volta, e sem meias palavras, a frase transcrita acima.

Para sorte nossa e azar da pessoa que proferiu a sentença, o desfile foi visto não só pelas pessoas "autorizadas" a estarem ali, como pelo autor deste livro sensacional. O qualificativo, longe de um elogio desmesurado, não cobre nem metade da voltagem analítica do trabalho. Mas deixemos, por hora, os adjetivos de lado, para voltar ao incidente, que teria tudo para ser banal não fossem os seus desdobramentos. A começar pelo sinal de legitimidade conferido pela chancela universitária da qual Alexandre fazia parte, na época, como estudante do mestrado do Curso de Pós-Graduação em Sociologia de uma das mais renomadas universidades brasileiras. Ainda que não houvesse nada ali que pudesse "interessar à USP", a sigla tem peso e parece prescindir de explicação na capital paulista onde se realizou o desfile. O resultado é que o pesquisador acabou por assisti-lo, após aguardar o momento em que as portas foram abertas e todos aqueles que não tinham "importância" alguma puderam entrar. Ele, sobretudo. Filtrada pelos olhos da pessoa que tentou dissuadi-lo de permanecer no local, tal avaliação é inequívoca sobre os requisitos necessários para ocupar esse universo restrito de privilégios e de privilegiados.

Ali só deveriam estar aqueles que partilham a crença de que a moda exibida nos desfiles e aquela que trajam em suas roupas são parte de um mesmo epicentro. Nele há lugar apenas para os que ostentam as insígnias mundanas que chancelam o direito de pertença, entre elas, a "elegância", o "bom gosto", a "discrição". Ou o contrário de tudo isso, como um sinal a mais de distinção reservado aos muito poucos que sabem cruzar as fronteiras entre "arte", "moda" e "inovação". Nele há lugar também para os profissionais encarregados de ampliar essas insígnias em escala e significados, uma vez que, no dia seguinte ao desfile, as pessoas vistas pelas suas lentes, ou retidas em seus escritos, serão "notícia". Entre elas, criadores e consultores de moda, empresários de grifes, modelos, artistas, colunistas, *socialites*, personagens do *show business*, endinheirados ou nem tanto. Em suma, as pessoas que "contam", na visão delas mesmas e dos profissionais que ali estavam para conferir um "plus" à crença no "milagre da personalidade". Ali, cada um a sua maneira contribui para reforçar a crença, socialmente bem fundamentada, de que são o "centro da notícia", pela simples razão de que circulam no mesmo espaço onde circulam todos aqueles que administram as provas públicas conferidas pelo "privilégio" de fazerem parte de tal universo.

Isso, e muito mais, é revelado por Alexandre ao longo do livro. Recusando-se a tomar a visão e as categorias nativas com as quais os envolvidos diretamente com a produção do mundo da moda se pensam e pensam os "outros" que o circundam, como fios condutores da interpretação, Alexandre revira pelo avesso seus fundamentos mais entranhados e não deixa ponto sem nó, antes de tudo, ao desmontar a crença de que a moda é uma estrutura dotada de centro. Tal "desmonte" não lhe impede de ver a moda como um campo que, assim como todos os demais campos de produção simbólica, tem seu polo dominante, seus centros de reconhecimento e de legitimidade, suas instâncias de consagração e de produção do nome próprio, o bem mais cobiçado pelos estilistas, pelas grifes e pelos modelos, não só em virtude dos ganhos materiais evidentes que dele derivam, mas, sobretudo, do prestígio que se acopla a tudo que os cercam, especialmente às roupas que criam, comercializam e exibem.

Deixando-se impregnar pelo registro das experiências dos indivíduos que creem na existência de um centro para a moda, do qual os protagonistas máximos seriam os estilistas, os empresários de grifes e os modelos que desfilam nas passarelas, Alexandre põe regra e compasso no material expressivo fornecido por eles e nas lentes com que se veem, pois sabe que a interpretação sociológica só é vigorosa quando alia, na medida certa, a apreensão etnográfica – atenta aos pontos de vista e às posições sociais dos sujeitos pesquisados – ao espicaçamento analítico. Como toda explicação sociológica de alto calibre, a dele incomoda, ao cutucar e revolver, sem complacência, o indizível da experiência social. Por isso, o livro traz uma contribuição decisiva para o deslindamento da lógica, da racionalidade, dos valores, das expectativas, das engrenagens simbólicas que conformam a moda, simultaneamente, como um campo de produção e como um dos suportes privilegiados de vivência da experiência do *status*, que serve de título ao livro e condensa sua tese central.

O trabalho de Alexandre Bergamo dá a ver, sob diversos ângulos, uma multiplicidade de dimensões que, vividas no registro de uma segunda natureza pelos integrantes do mundo da moda, "cegam os olhos" quando expostas com acuidade analítica cortante. Seu livro se inscreve, assim, naquele conjunto precioso de análises sociológicas que fazem do conhecimento "uma descida aos infernos", ao trazerem à luz, nas palavras de Bourdieu, "a amnésia, socialmente instituída, que permite aos homens viverem a sua cultura como um dom da natureza"[1].

Renovação dos dispositivos que produzem os negócios e as posições que se dizem "importantes", o campo da moda produz – recorrendo mais uma vez à terminologia de Bourdieu – "os atos e os agentes que se julgam 'importantes' para si mesmos e para os outros"[2], marcando, com cores, formas e linhas, o direito de pertença, as posições e as distâncias sociais que asseguram a vivência objetiva e subjetiva do valor social de que se sentem imbuídos. Daí a atenção redobrada com que Alexandre, após dissecar as relações, as interações, os conflitos, os jogos e as ilusões (no sentido de crenças bem fundamentadas) que conformam o campo da moda, lança sua visada sobre as roupas, numa apreensão renovada da experiência do *status* promovida por elas. Não só no espaço restrito e circunscrito de sua criação e circulação entre as pessoas diretamente envolvidas com o "mundo da moda", mas também no espraiamento de seus usos e significados por outras camadas sociais.

A análise das roupas como suportes de experiências diversificadas de *status* dá "pano pra manga". Ela mostra que, embora as distinções sociais mais óbvias reafirmadas e incrementadas pelo uso das roupas sejam aquelas relativas às diferenças de classe e de gênero, elas não se esgotam nessa direção. Dependendo do contexto, podem ser "ajustadas" a outros marcadores sociais, igualmente relevantes para o entendimento da magia socialmente conferida às roupas e ao transe cruzado de valores de todo tipo que nelas se imiscui. Entre eles, sobressaem o discurso da "elegância", emitido por consultores de moda e difundido na mídia, e o da "atitude", que perpassa o consumo de roupas por parte das camadas populares. Mas não só de discursos se "nutre" o livro. Grande parte de seus achados mais acachapantes, na contramão do senso comum "erudito" que tende a prevalecer nas pesquisas sobre moda, encontra-se na análise visual das vitrines.

---

[1] Cf. Bourdieu (1988, p.32).
[2] Idem, p.57.

Atento às distintas formas com que as lojas destinadas ao consumo das elites, das classes médias e das camadas populares apresentam e dispõem as roupas e todo o entorno que as rodeia, Alexandre mostra como elas são o encaixe de uma materialidade simbólica avessa a explicações rasteiras de ordem prática e econômica. Tais locais de consumo são como o desdobramento imagético dos discursos da "elegância" e da "atitude". De um lado, a exposição das roupas como parte de conjuntos previamente definidos, que servem como modelos de consumo, aptos a agregar significados precisos ao "estilo" exclusivo e seleto que está sendo posto à venda. Tal é o caso das vitrines das lojas situadas nos shoppings centers, esses imensos *show rooms* da classe média. De outro lado, as lojas voltadas para o consumo das elites, cujas vitrines discretas servem de anteparo para o que é exibido dentro desses estabelecimentos. Para chegar até lá, barreiras invisíveis interpõem-se. Só os muito seguros socialmente ou os endinheirados recentes circulam com desenvoltura por esses espaços.

Por fim, a exposição à primeira vista "desordenada" de peças de roupas, e não de conjuntos inteiros, no caso das lojas populares. Nelas o que se mostra são peças (e não um conjunto maior de atribuições que na linguagem comum ganha o nome de "estilo"), marcas desconhecidas e tabuletas indicando os preços. As pessoas que compram as roupas exibidas nessas lojas ocupam, como mostra Alexandre, uma posição contingente na estrutura social, marcada pela "exclusão dos meios reconhecidos como legítimos de promoção e de reconhecimento sociais". Por isso, procuram nas roupas, ou melhor, em determinadas peças de roupa, um suporte simbólico para expressar sentimentos que valorizam a atitude e as qualidades individuais. A matriz desse consumo é dada pelas roupas que seus ídolos, esportistas e artistas de televisão, usam para paramentar as personagens que interpretam nas novelas de sucesso.

Para diferenciar e contrastar os valores e as expectativas de consumo dos socialmente privilegiados e dos destituídos e às margens, Alexandre constrói uma oposição entre o uso das roupas como expressão de "traços pessoais" e de "traços sociais". Mas, felizmente, não aprisiona a análise do consumo nessa contraposição. Clássico, moderno e exuberante, alocados num dispositivo de conjunto, como "estilos" destinados ao mundo dos privilegiados e dos privilégios e como emblemas de distinção social, podem ser utilizados também para ressaltar traços e qualidades pessoais. Dependendo, é claro, do contexto e de quem os usa: se artistas e esportistas que ascendem à condição de celebridades, ou se "infratores" das regras do "bom gosto", expostos sem piedade nas reportagens fotográficas destinadas a flagrar o "certo e o errado" no uso das roupas. Se os últimos são a prova pública, não do "desacerto" em matéria de moda e de roupa, como pretendem os profissionais, mas sim do quanto a vergonha é um sentimento socialmente produzido e infligido, os primeiros, as celebridades, podem, em suas aparições públicas sob os holofotes da mídia, misturar roupas, cores e estilos que deveriam ser mantidos separados. A condição de celebridade atenua o "mau gosto" que, para outros, os "comuns" dos mortais, seria imperdoável, segundo os preceitos dos consultores de moda. Tendo conquistado a condição de celebridades graças a algum atributo ou habilidade física excepcional, a voz, a destreza das pernas, a capacidade de interpretação ou a bunda e os seios "turbinados" (no caso das "tiazinhas", "feiticeiras" e "gostosas" estampadas nas capas de revistas masculinas), eles se tornam casos paradigmáticos de *exceção* social, termo bem mais preciso do que a surrada fórmula "ascensão social". Alçados a essa condição, vários dentre eles produzem um paradoxo interessante quando passam a vestir-se com roupas de "estilo", que valorizam "traços sociais".

Os destituídos e às margens, que compram as *lingeries* da "Tiazinha", o tênis do Ronaldinho, a minissaia da Babalu e que vão ao cabeleireiro com fotos das atrizes em evidência das novelas, com a intenção de fazer um corte como o delas, usam essas peças de vestuário ou esses cortes de cabelo para sublinhar seus traços pessoais e demonstrar "atitude". E fazem isso de forma ativa, longe, portanto, da imagem congelada de passividade, de imitação ou de ignorância que recai sobre eles. Enquanto as celebridades são tomadas como modelos de referência, eles procuram, por sua vez, nos outros, naqueles que usufruem a crença no milagre da personalidade, os espelhos com que passam a se mirar em busca de novos modelos. Não só de roupas, mas também de modelos que lhes permitam afirmar a experiência "extraordinária" produzida pela saída da vala comum do anonimato e conquistada por meio do manejo e da habilidade de algum trunfo físico particular. Diante disso, como relacionar esses dois modelos de consumo – de traços sociais e pessoais – investidos nas roupas, de forma a enxergar articulações e continuidades para além de suas evidentes oposições e diferenças?

Uma resposta entre tantas outras que são dadas por Alexandre, nessa direção, aparece na análise notável que ele faz da interação constrangida, posto que socialmente imprevista, entre os criadores de moda de vanguarda (os estilistas da Mad Mix), o público a que ela se destina (os "modernos" e os "entendidos") e os "manos" (os *office boys*). "Invadindo" a seara alheia do consumo de roupas, os últimos subvertem as regras do jogo e criam um sistema classificatório desconcertante para se referir às criações de vanguarda que eles adoram consumir à revelia e a contragosto do público "seleto" para o qual elas são concebidas. Camisas "nervosas" e camisetas "espertas" são mais que roupas e panos. São signos com os quais os "não esperados" e indesejados – mas que não podem ser barrados no baile do consumo, uma vez que, com dinheiro, todos podem, em princípio, e desde que possam pagar, comprar o que quiserem – expressam os sonhos de pertencimento e uma postura de enfrentamento social. Camisas "nervosas" e camisetas "espertas" convertem-se, nos corpos e nos discursos daqueles jovens, em instrumentos inesperados de luta contra a exclusão e "miséria" a que estão socialmente condenados por não serem investidos de "missão nem consagração social"[3].

Por aí bem se vê o quanto de equívoco há na frase de que "não tem nada aqui que interesse à USP". O livro de Alexandre é o segundo

---

3 Idem, p.57.

exemplo mais vigoroso que conheço do quanto a USP (e, por extensão, todas as universidades públicas que se recusam a separar a pesquisa do ensino) tem a dizer sobre a moda e as roupas. O primeiro foi escrito há mais de meio século e veio a público sob a forma de uma tese de doutoramento, defendida em 1950, com o título *A moda no século XIX*. A autora desse estudo genial, Gilda de Mello e Souza, tinha 31 anos na época em que redigiu o trabalho. Com olhos de lince, vigor analítico e escrita desempenada, ela produziu um dos ensaios de sociologia estética mais argutos sobre a moda de que se tem notícia – aqui e alhures. Referência intelectual obrigatória para todos os estudiosos do assunto que vieram depois dela, o ensaio mostra a dimensão espiralar da moda, entendida a um só tempo como linguagem simbólica apta a dar plasticidade e expressão a sentimentos difusos, como forma estética que só se realiza integralmente com o corpo e seus movimentos, e como meio de marcar e sublinhar distâncias sociais. Na esteira do trabalho de Gilda, Alexandre Bergamo ajustou o foco da pesquisa, evitando, assim, toda sorte de salamaleques discursivos, simplificações analíticas e explicações corriqueiras sobre o *status* das roupas. Entre os dois trabalhos interpõem-se temporalidades acadêmicas, gêneros e recepções distintas do tema em pauta. Quando Gilda decidiu-se pelo estudo da moda, o tema foi considerado, à boca pequena, como fútil. Coisa de mulher. Na hierarquia acadêmica e científica da época, que presidia tanto a escolha dos objetos de estudo quanto a forma de exposição e de explicação dos mesmos, a tese de Gilda constituiu "uma espécie de desvio em relação às normas predominantes"[4]. Muitos anos depois, em 1987, quando virou livro, com o expressivo título de *O espírito das roupas*, e foi escolhido para ser um dos quatro lançamentos que marcariam a entrada da Companhia das Letras na cena editorial, ele passou a receber o reconhecimento devido.

Simbólica e metonimicamente associada ao universo feminino, a moda vem, desde então, ganhando legitimidade crescente nos

---

[4] Souza (1987, p.7).

estudos acadêmicos. Mas precisou esperar um outro desvio, dessa vez de gênero, para ser revirada pelo avesso, como o leitor irá constatar por si mesmo ao longo da leitura do livro de Alexandre Bergamo, tal a quantidade de pepitas analíticas encontradas em cada página. Se o primeiro estudo de fôlego da moda foi o de Gilda, entre outras razões, pela desenvoltura com ela transitava da sociologia para a estética e, ao mesmo tempo, exercitava sua familiaridade com o objeto, o segundo, no mesmo compasso de grandeza analítica, é este de Alexandre Bergamo. Se a "paixão pelas formas" e a simpatia sociológica pelo tema estão na base da acuidade de Gilda, na de Alexandre o resultado é igualmente notável, mas por recursos diversos. Distanciamento em relação à moda e às roupas, capacidade argumentativa em relação ao assunto que, tomado em si mesmo, não lhe desperta nenhuma paixão, mas que, articulado às marcas da experiência social, incendeia a sua vocação de sociólogo empenhado em desvelar o indizível do mundo social. Tais são alguns dos procedimentos que garantem a originalidade e a ousadia deste trabalho.

Como o livro de Gilda, o de Alexandre já nasceu clássico, no sentido de que ambos armam o leque intelectual das questões que, a partir deles, já não é mais possível ignorar. Fruto da formação que receberam na Faculdade de Filosofia da Universidade de São Paulo e da orientação que tiveram da parte de dois sociólogos da cultura que fizeram nome na área, Roger Bastide, no caso de Gilda, e Sérgio Miceli, no de Alexandre, os livros que escreveram são a prova insofismável de que o mundo acadêmico tem, sim, muito a dizer sobre o mundo da moda.

Heloísa Pontes

Introdução

Cheguei à loja Mad Mix, nos Jardins, e sua proprietária, Rosa Dolenk, disse-me que em instantes um dos estilistas dos quais ela comercializava roupas iria passar por lá e eu poderia, então, conhecê-lo. A Mad Mix era uma loja especializada no comércio de roupas e acessórios de moda ditos de "vanguarda" e sua proprietária, Rosa, já foi uma das principais manequins do país. Ela desfilava para o estilista Ney Galvão no extinto TVMulher, pioneiro dos programas femininos que são atualmente exibidos na televisão. Ali, na Mad Mix, jovens estilistas podiam trazer suas "criações" para serem vendidas. Era a um deles que ela havia se referido, Caio Gobbi, que, naquele momento (outubro de 1996), tinha 21 anos. Caio chegou e me falou a respeito de sua última coleção, inspirada em *"punks de boutiques"* com cabelos "moicanos". Vendeu quase duas mil peças de camisetas de tricô. O impacto de sua coleção, segundo ele, estava no *look* total do desfile, que fôra filmado pela MTV. Ele me explicou que estava preparando uma nova coleção inspirada nas cores da bandeira "londrina", que a escolha de tecidos fora do Brasil era melhor. Disse que "as pessoas aqui não assimilam tendências", que elas "deveriam vestir o que estão sentindo". Perguntei-lhe sobre os "manos", *office boys* que compõem a maior parte da clientela dessa moda dita de "vanguarda", e a resposta dele foi bastante ilustrativa[1]. Há, evidentemente, um motivo que me levou à pergunta: a chamada "vanguarda da moda" era representada, naquele momento, basicamente, por *clubbers*, público composto em sua maioria por adolescentes de classe média, ou média alta, e que dedicavam sua vida a frequentar casas noturnas e a consumir uma moda chamada *underground*. Os "manos" não faziam parte dessa classe social. Eles pertenciam, ao contrário, ao grupo dos desprivilegiados sociais. No entanto, eles "invadiram" (eles não invadiram, os *clubbers* é que se sentiam invadidos) as lojas e as casas noturnas que a "vanguarda" estava frequentando naquele momento. A chegada dos "manos" representava, para muitos desses estabelecimentos, um esvaziamento no momento seguinte. Isso porque os *clubbers* se sentiam "invadidos" e buscavam novas opções de consumo. Não se trata de uma análise minha, vale frisar, mas uma explicação que os próprios *clubbers* me deram. Isso fazia com que o sucesso de algumas casas noturnas fosse itinerante: ele acompanhava o fluxo de frequentadores da "vanguarda" e dos pretendentes a ela, os "manos".

Voltando a Caio Gobbi. Disse-me que no dia anterior os "modernos" haviam se reunido (num evento qualquer, em alguma casa noturna) e aproveitaram para discutir o assunto. Os "modernos", dentre os nomes que ele me falou e dos quais me recordo, são o estilista Alexandre Herchcovitch, que mais tarde se tornou o ganhador do prêmio de melhor estilista do ano no Phytoervas Fashion Awards de 1998, a jornalista Érika Palomino, colunista do jornal *Folha de S.Paulo* especializada em crítica de moda – segundo ele, a única jornalista preparada para falar sobre as tendências modernas –, o estilista Paulo Modena, da grife Escola de Divinos, hoje inexistente, e ele próprio, figura inexpressiva, naquele momento, no campo da moda. E chegaram à conclusão de que eles não estavam entendendo

---

1 Uma ressalva deve ser feita quanto à associação expressa aqui entre *office boys* e *manos*. Não há uma necessária coincidência entre ambos, mas o fato é que aqueles ligados ao comércio de produtos de "vanguarda", no momento em que transcorria esta pesquisa, referiam-se a ambos como se fossem um só.

mais nada, já que os "manos" invadiram suas lojas (exceção feita à Érika Palomino, evidentemente), só eles compravam, só eles tinham dinheiro para comprar. Naquele momento, o fato de que os *office boys* eram aqueles que mais compravam as roupas de "vanguarda", e não os "modernos", para quem esse comércio era dirigido, era um fato que incomodava bastante tanto estilistas quanto donos de lojas.

Caio me deu um convite para ir ao desfile de Rodrigo Gabaldim, também uma figura de pouquíssima expressão no campo da moda, que aconteceria naquele mesmo dia no Hotel Comodoro. O desfile estava previsto para começar às 20h30, mas só começou à 21h30. Pelo que entendi, esse atraso deu-se em função da falta de plateia para o horário previsto. Coincidentemente, era o mesmo dia (ou noite) de inauguração de uma boate, e talvez a maior parte das pessoas, *clubbers* ou gente ligada à noite, estivesse se preparando para ir à inauguração. Era a oportunidade que eles teriam de ser o *show*, e talvez estivessem investindo em sua própria "produção". No convite, a assinatura de Rodrigo Gabaldim aparecia de ponta-cabeça, o que só pude entender com o desfile. Sua proposta era de roupas "invertidas": as manequins (só havia roupas para mulheres) desfilavam vestidos onde a parte da frente da roupa estava virada para trás. Havia também roupas que eram toalhas de banho enroladas no corpo. A música de fundo não era propriamente uma música, mas sim um diálogo, cuja língua minha ignorância não permitiu distinguir. Às vezes, ouvia-se um gongo. Havia uma jornalista acompanhada de um fotógrafo. Seu olhar diferia do das demais pessoas. Era como se ela olhasse tudo de cima. Cabia a ela decidir o que era ou não bom de todo aquele espetáculo. Aquilo terminou e eu me perguntei: a gente tem de aplaudir? Como a maior parte das pessoas se levantou para aplaudir, fiz a mesma coisa.

Estava claro que eu não pertencia àquele mundo, não conhecia suas regras. Estava claro também meu envolvimento, deliberado ou não, com o tema. Esse envolvimento não tinha ligação direta com aquele desfile, mas com o fato de que eu, como qualquer outro, julgo, avalio, aprovo ou desaprovo, faço escolhas e tomo posições diante de coisas ordinárias em nossas vidas, como gostar ou não de uma roupa, por exemplo. Se há uma característica que possa definir a moda, sem dúvida é a renovação constante de roupas a que todos assistimos. E se há algo que dê forma e conteúdo a ela, sem dúvida é esse envolvimento, deliberado ou não, entre as pessoas e que faz da moda um de seus instrumentos de mediação[2].

Os comentários do "moderno" Caio Gobbi são um exemplo disso. Ele deixou claro que aquilo que estava em jogo era marcar

---

2 São poucos os trabalhos que tentam analisar a moda enfocando as experiências sociais que nela estão presentes, sendo que alguns desses trabalhos merecem um destaque especial em função da importância das ideias neles contidas. Conferir o artigo de Simmel (1961). Todas as análises sobre moda que vieram depois devem algo a esse artigo. Simmel mostra como a renovação da moda, na primeira metade do século, quando o artigo foi escrito, está associada a um mecanismo de divulgação e consequente perda de valor distintivo para as classes altas. Mostra também como a roupa e a moda possibilitam a expressão, simultaneamente, tanto de uma pertença quanto de um afastamento de grupos sociais específicos. Essas duas ideias serão posteriormente recuperadas pelos trabalhos de Bourdieu sobre a lógica da distinção entre grupos sociais e sua expressão através da roupa. Para uma melhor compreensão do conjunto da obra de Simmel, ver Waizbort (2000).
Conferir também o trabalho de Souza (1987). Escrito no final da década de 1940, mostra uma sensibilidade analítica que só obteve reconhecimento quatro décadas depois. O trabalho de Dona Gilda, como era conhecida na Faculdade de Filosofia, Letras e Ciências Humanas da USP, é pioneiro por mostrar como a moda e suas mudanças estão associadas a conflitos de gênero e entre classes sociais. Num momento em que a moda era vista como algo exclusivamente feminino e fútil, ela mostrou, ao contrário, que as mudanças nos trajes femininos estavam em relação direta com as mudanças nos trajes masculinos. E ambos expressavam uma gama muito mais ampla de transformações e conflitos sociais. Sobre o pioneirismo do trabalho de Dona Gilda e o contexto de sua trajetória intelectual, ver os trabalhos de Pontes (1998; 2004; 2006).
Ver também o artigo de Bourdieu e Delsaut (1975). Os autores mostram como as oposições entre os estilistas da alta-costura francesa constituem uma forma específica de expressão dos conflitos internos à classe alta. A moda e seus símbolos, expressos através dos diferentes estilos de cada grife ou estilista, não só atualizam e dão vigor ao conflito como expressam mudanças e indicam uma possível mobilidade entre grupos sociais opostos e suas formas de realização econômica. Para uma melhor compreensão dos trabalhos de Bourdieu, ver Miceli (1974).

uma diferença entre a "vanguarda", grupo ao qual ele se autoincluía, e os "manos", desclassificados sociais. Os símbolos utilizados como referência são aqueles que estão fora do alcance dos *office boys*: a bandeira "londrina", a rotina de viagens à Europa para "assimilar tendências", e pensar-se "moderno", pensar que se está à frente de seu próprio tempo, fronteira que os "manos" não poderiam transpor pela sua irrealidade, por ter como única base a crença de que se é contemporâneo a si próprio. Os nomes por ele citados também fazem parte desse jogo, eles traduzem o esforço tanto de fazer quem o ouve quanto de fazer ele mesmo pensar que faz parte do *mètier* onde estão as figuras mais conhecidas. Os "manos" também são outro exemplo desse envolvimento. Mas eles não estavam sendo representados ali. Eles são um exemplo do conflito que marca a relação entre os indivíduos e grupos sociais e que, evidentemente, encontra expressão na moda. Para Caio Gobbi e para muitos *clubbers*, naquele momento, os "manos" representavam o invasor. Como se a moda fosse um jogo do qual só alguns pudessem participar. A presença dos "manos" na arquibancada era permitida, e talvez até esperada, mas definitivamente não dentro do campo.

O desfile de Rodrigo Gabaldim também é outro exemplo disso. Ali estavam condensadas as formas de envolvimento de cada uma daquelas pessoas com a moda, e ali estava também a possibilidade, para cada uma, da tradução pública da experiência que esse envolvimento representava. O estilista estava ali para ser aprovado ou reprovado, comentado ou lamentado. O desfile não representa uma consagração, mas um risco, ele traduz uma aposta. E não é uma aposta que consiste em ser ou não um grande estilista. O que se aposta, e por isso representa um risco, é a imagem que ele faz de si mesmo: enquanto criador, enquanto indivíduo que pretende para si um *status* específico perante a sociedade. Também a jornalista apostava algo naquele evento. Seu ar de superioridade trazia estampada a posse de instrumentos específicos de aprovação e de reprovação, de elogio e de condenação. Era sua a autoridade para promover ou diminuir quem quer que fosse alvo de sua "capacidade de análise" que estava sendo apostada, exatamente porque é isso, tal autoridade, que ela vê em si mesma. Para as modelos estava em jogo a beleza expressiva de seus traços e de seus gestos, a crença de que essa beleza é um dom que as habita e as diferencia das demais mulheres. Era essa crença, ou essa certeza, que cada uma delas estava apostando ali, a visão que cada uma tinha de si própria.

O envolvimento não é dessas pessoas com algo etéreo, a moda, mas sim o envolvimento delas entre si. A moda não é apenas a renovação de roupas, mas também a renovação dos traços distintivos entre os indivíduos, a renovação das relações que eles estabelecem entre si e dos juízos de valores que nisso estão representados, a renovação da visão que elas têm de si próprias. Há, por isso mesmo, experiências individuais em jogo, e da mesma forma que elas permitem envolvimentos com a moda, permitem formas específicas de envolvimento com a sociedade que as rodeia. Essas pessoas estão diante de sanções, deliberações, juízos de valor, apreciações e depreciações, promoções e condenações. Estão, portanto, diante de uma série de mecanismos sociais que são acionados para regular, aprovar ou reprovar suas ações, que fazem com que as experiências individuais em jogo sejam indissociáveis das experiências sociais possíveis que cada uma delas possa vivenciar. Criação, consumo, consultoria, produção de moda, jornalismo, fotografia, propaganda são algumas dessas formas possíveis de envolvimento com a moda, assim como são experiências sociais específicas que vêm acompanhadas de seus próprios procedimentos de conduta e de avaliação. Trata-se de um jogo tenso, e o relevo que o campo da moda adquire é resultado exatamente dessa tensão.

As formas de envolvimento possíveis com a moda não são aleatórias. São, essencialmente, experiências geradas e compreendidas segundo racionalidades específicas[3]. Isso não quer dizer que a foto-

---

3 Cabem, aqui, algumas considerações a respeito disso que está sendo chamado de racionalidade. Ela consiste em modos de agir, sentir, pensar e exprimir-se específicos de um determinado grupo social. Em nenhum momento a racionalidade deve ser entendida como sinônimo de "cultura". Seria uma aproximação

grafia tenha uma racionalidade e a propaganda, por exemplo, outra. A visão que as pessoas têm de si próprias e que se transforma, no jogo da moda, em material da aposta que as pessoas fazem em si, tem por trás uma racionalidade capaz de atribuir e reconhecer o valor e o significado daquilo que está sendo apostado. Essa racionalidade representa, portanto, tudo aquilo que é capaz de conferir, aos olhos de determinadas pessoas e aos olhos daqueles com quem convivem, valor, significado e sentido. Ela expressa não só os juízos feitos dos demais grupos sociais com os quais há algum tipo de envolvimento, deliberado ou não, mas também os juízos de valor que os grupos fazem de si mesmos. Está, com isso, diluída nas coisas mais ordinárias do dia a dia de qualquer um e nelas encontra uma possibilidade de realização. Qualquer perda ou ameaça pode representar, para os indivíduos envolvidos, privar a vida de seu significado mais profundo.

---

por demais equivocada do termo. Também não deve ser entendida simplesmente como uma "visão de mundo". Seria outra aproximação equivocada. A noção de racionalidade está sendo usada aqui, até certo ponto, de acordo com a concepção atribuída ao termo por Elias (2001). *Até certo ponto* porque se Elias utiliza o termo muitas vezes para designar modos de agir, sentir, pensar e exprimir-se específicos de determinados grupos sociais, que só podem ser entendidos no interior e no conjunto de suas relações com outros grupos (como, por exemplo, quando ele fala da racionalidade específica da sociedade de corte), ele o utiliza também para designar a especificidade do modo de ser de nossa sociedade. Nesse caso, a ênfase está no uso da "razão" como instrumento de adequação e de controle dos acontecimentos, tanto como forma de controle do mundo físico em torno do homem quanto de auto controle. Para este último uso do termo, ver, por exemplo, Elias (1981; 1993; 2001).

Aqui essa racionalidade deve ser entendida como, essencialmente, o sentimento de integração a uma experiência comum de vida, o uso partilhado de saberes e valores específicos. Deve ser entendida também como expressiva de uma rede entre as pessoas cujo elo de ligação está nesse uso partilhado de saberes e valores. A "força" de união entre tais elos, se é que se pode chamar assim, reside nesse sentimento de integração a essa dada experiência comum de vida. Essa racionalidade faz dos elos de inter-relações elos de interdependência. Não só entre pessoas. Essa interdependência extrapola de certa maneira as relações entre as pessoas para se instalar e ganhar formas específicas de expressão seja nas roupas, seja nos modos de ser, sentir, agir e exprimir-se. Para uma melhor elucidação das preocupações e da análise de Elias, ver o artigo de Miceli (1999).

A ênfase de Caio Gobbi, por exemplo, em frisar a distinção entre ele e os "manos" reside nisso. Qualquer confusão provocada a essa distinção – por ele mesmo, já que era ele quem estava se colocando – poderia representar uma abdicação da visão que ele fazia de si mesmo. Poderia representar, portanto, uma abdicação do sentimento de integração a essa experiência de vida que ele designava, assim como tantos outros, como sendo "moderna".

A moda, quando vista a partir das relações entre os indivíduos e grupos sociais, quando vista como uma possibilidade de mediação ou mesmo de inserção de tais indivíduos e grupos no jogo social, expõe os valores, os significados, as expectativas, as ilusões, as crenças e tudo o mais capaz de adquirir e imprimir um sentido para as pessoas e suas ações. Tais racionalidades, que serão vistas ao longo deste texto, determinam a posição ocupada pelos indivíduos no campo da moda e na estrutura social e a forma de inserção deles nesse jogo. Determinam as apostas feitas por eles em suas próprias convicções, em seus valores, em suas crenças e em suas certezas. Determinam também tudo aquilo que escapa ao controle individual: mecanismos sociais que sancionam suas ações e diante do que eles devem se submeter. A rede de relações dos indivíduos entre si, os mecanismos possíveis de expressão e as sanções sociais pautadas em racionalidades específicas são aquilo que fazem com que a moda tenha um relevo próprio.

Este trabalho foi escrito entre 1998 e 2000. O campo da moda descrito e analisado aqui faz referência ao quadro de profissionais tal qual constituído naquele momento. De lá para cá várias das personagens citadas aqui passaram, como seria de se esperar, por mudanças significativas em suas vidas. Estilistas mudaram de grife, outros de endereço, alguns de cidade, revistas deixaram de existir, outras foram criadas, eventos importantes naquele período não mais existem, tendo sido substituídos por novos eventos, e assim tantas outras mudanças ocorreram. Caberia a indagação de se esta pesquisa, por conta disso, precisaria ser "atualizada", citando novos eventos, novos profissionais, novas revistas de moda etc. Essa seria, contudo, uma "atualização" inútil, uma vez que o campo da moda, da maneira como está definido aqui, não teve seus contornos – e, portanto, a sua lógica – alterados. Ao contrário, esses contornos ganharam, nesse curto período de tempo, uma definição muito mais precisa, muito mais visível. O que significa que o campo da moda seguiu uma direção que podia ser observada já naquele momento. E por que isso? Pelo simples fato de que as experiências sociais analisadas aqui, e que nos permitem uma compreensão do que seja esse campo da moda, permanecem atuais.

O objetivo desta pesquisa nunca foi uma compreensão da moda por si só, mas, principalmente, da experiência social que está por trás dela. E, enquanto experiência social, não pode ser restrita unicamente ao campo da moda. Tomar o campo da moda e o que eu chamo aqui de experiência do *status* como sinônimos ou mesmo como coincidentes seria uma leitura extremamente equivocada deste trabalho. Assim como separar ambos seria igualmente equivocado.

Quando vemos os desfiles de moda, quando olhamos uma revista com as novas tendências, quando lemos nas revistas especializadas em fofocas a respeito das modelos que fazem sucesso num determinado período, temos a impressão de que a moda é algo que se encontra distante de nós, que nos chega, muitas vezes, na forma de uma invasão. Ou "ditadura", como diriam alguns. Seja como for, ela surge como se fosse algo externo a nós mesmos. A experiência social que está por trás da moda e que, portanto, a faz movimentar, é, no entanto, essencialmente cotidiana. Está naqueles pequenos momentos do nosso dia a dia quando, por exemplo, olhamos no espelho e verificamos se "está tudo certo", se "está tudo como gostaríamos que estivesse", independentemente de qual seja a "moda" expressa por alguma revista especializada. O campo da moda permite que essa experiência cotidiana ganhe contornos específicos que só podem ser encontrados ali, mas que não se restringem a ele.

Jogo de espelhos

Quando se pensa em moda, a imagem recorrente é a dos desfiles. Falar sobre moda tanto suscita quanto necessita uma imagem semelhante, evidente repetição desse mecanismo. É esperado, como se isso nada mais fosse senão uma conclusão lógica, que qualquer referência ao campo da moda parta igualmente desse mesmo ponto. Há uma certa naturalidade nessa expectativa: são os estilistas que criam as roupas e as apresentam em suntuosos eventos dos quais participam personalidades da mídia, da moda e das artes. É ali que "tudo" acontece. É assim que se pensa e é isso que se vê estampado nos jornais e revistas especializadas no assunto. Estar num desfile é estar no centro dos acontecimentos do mundo da moda, o que vale tanto para público, jornalistas e consultores quanto para os próprios estilistas. Todas essas pessoas envolvidas com a área, seja de forma profissional, seja simplesmente por gosto, aceitam essa designação feita aos estilistas e a seus desfiles de que ali está o centro dos acontecimentos. Ou, em outros termos, de que ali está o centro de sua estrutura, que faz com que tudo o mais que aconteça no mundo da moda seja uma derivação sua pura e simples.

Sem dúvida, tal designação tem seus desdobramentos, alguns óbvios, outros nem tanto. Toda responsabilidade acerca da moda fica atribuída aos estilistas, e aos demais profissionais ligados à área – jornalistas, produtores, fotógrafos, publicitários etc. – é atribuída uma responsabilidade apenas parcial. Ela sempre é, em última instância, um atributo que só pode ser referido ao centro dos acontecimentos. Quanto aos demais grupos da sociedade, aqueles não diretamente ligados à produção de moda, mas que dela participam como usuários, é retirada quase que totalmente qualquer responsabilidade. Estabelece-se, em função disso, uma hierarquia cujo critério utilizado é o grau de aproximação que os vários grupos possam ter em relação aos estilistas, aos eventos da área e aos demais profissionais a ela ligados. Sob diversas formas todos aqueles que estão distantes do centro dessa estrutura são considerados sem relevância e não podem contar como referência.

Toda e qualquer imagem acerca da moda fica imediatamente vinculada à imagem dos criadores e a uma consequente personalização da atividade de criação. Crê-se que toda criação seja estritamente pessoal e sem referências outras que não as próprias ideias do criador. Uma frase como "Herchcovitch se mostra preso apenas a suas convicções pessoais – e como – de moda" (Jornal *Folha de São Paulo*, 25.02.1994) seria inconcebível caso não se aceitasse a designação de centro de uma estrutura atribuída aos estilistas e a suas criações. Tudo aquilo que está além – ou aquém – desse centro é levado em consideração tão somente como uma possível duplicata sua, prova inconteste de seu poder de irradiação e de seu papel central. São considerados relevantes e dignos de nota ou de comentário apenas aqueles que estão de alguma forma próximos a esse centro, e com isso multiplicam-se matérias nos jornais e revistas especializadas no tema mostrando o modo de vida de tais pessoas com títulos tais como "A moda de Fulano de Tal" ou "O jeito de ser de Sicrano de Tal", e assim por diante. Não por acaso moda e "jeito de ser" são usados como sinônimos, mas apenas em situações específicas. O fato é que seria risível, e por isso impensável, um título desses tendo como foco de atenção todos aqueles reconhecidamente desprivilegiados e não partícipes desse centro dos acontecimentos.

A aceitação desse papel central, contudo, não é privilégio exclusivo daqueles envolvidos com a moda profissionalmente, por aproximação ou por simples gosto. Parece não haver muito mais a fazer senão tomar tal designação como indubitável, o que faz com que a maioria esmagadora das pesquisas atuais referentes ao tema a reedite em outros termos e em outra instância: a universidade. Não é por acaso que uma das "explicações" mais em voga a respeito da moda conclui que ela muda e, mesmo, institui comportamentos. A própria atribuição do papel de "fonte instituidora de comportamentos" justifica sua relevância como tema de pesquisa. É, por um lado, a declaração de seu imobilismo: parte-se da aceitação daquela anterior designação para chegar a lugar algum e tomá-la como conclusão. É o preço pago por anos de omissão das instituições de pesquisa. Hoje toma corpo toda uma área constituída por profissionais sem formação para pesquisa – comentadores profissionais, *designers* e estilistas – que passaram a dominar o espaço referente à moda e a definir quais regras devem ser seguidas para que se possa falar, com a devida "propriedade", sobre o assunto. Isso indica, também, o quanto é crescente uma produção de conhecimento sem referências mais sólidas do que possa ou não ser a produção do conhecimento científico. E, por outro lado, é a declaração de seu fracasso: incapaz de gerar um conhecimento segundo critérios de análise rigorosos, crê que a notícia por si só, e tal qual veiculada, é o próprio conhecimento.

O fato é que o campo da moda está inserido em uma estrutura que aceita a si própria como tendo um centro irradiador. E a questão principal não é se tal estrutura deve ou não tê-lo e pelo que deve ser ocupado, mas sim que direções esse campo da moda toma, aceitando a si próprio como um centro, e o que significa, para a estrutura na qual está inscrito, cada direção tomada. Há uma estrutura, portanto, e a convicção de que aquilo que nela acontece deve ser diretamente atribuído a esse centro[1].

---

1 Tal crença coletiva no jogo, designada por Bourdieu (1996) de *illusio*, é a um só tempo produto e condição para seu funcionamento. O problema maior relativo

Como tudo o mais, a moda demanda uma explicação, e o hábito de abrir um jornal ou uma revista de moda e encontrar inúmeras explicações sobre ela é razoavelmente corriqueiro. O mercado de moda cresce a cada dia e junto com ele cresce um corpo de profissionais especializado em emitir juízos a seu respeito: são os consultores e os jornalistas de moda. Deles provêm análises que concluem que a moda "muda os comportamentos humanos", ou que "muda porque os comportamentos mudam", ou que "se adapta às exigências da nova mulher (ou do novo homem)", ou que "colabora para formar uma nova imagem de mulher (ou de homem)", ou que "transgride ou muda os comportamentos tradicionais", e outras mais. E não é necessário citar referências, porque frases como essas podem ser encontradas nos mais diversos veículos especializados da mídia[2]. Aceita-se a ideia de que moda e análise de moda sejam, apesar da evidente cumplicidade que pode ser verificada entre ambas, coisas distintas, ou, em outros termos, que o centro da estrutura não seja ocupado pela atividade de análise ou de interpretação, sendo-lhe esta apenas complementar. Como se essa relação não fosse aquilo que é: uma relação de cumplicidade. Não cabe aqui discutir os motivos que levam as pessoas a atribuir esse caráter de neutralidade e separação à atividade de análise propriamente dita, mas cabe discutir o fato de que a crença em tal caráter abre espaço para que um corpo profissional, munido de tais explicações e cuja principal marca é a cumplicidade

---

às pesquisas sobre moda reside, a meu ver, no fato de que o campo da pesquisa científica toma essa *illusio* não simplesmente como uma forma de representação da realidade, mas faz dela a própria realidade a ser analisada. Ou seja, aceita a designação da moda como se fosse uma estrutura dotada de centro, reproduzindo, dessa forma, o senso comum próprio ao mercado de moda e às publicações especializadas no assunto.

2 Há, além disso, um mercado editorial constituído por profissionais diretamente ligados à área. Uma referência importante, nesse sentido, é o livro de Joffily (1991). Mas não só, há também um mercado editorial crescente que se pretende "culto" e que veicula afirmações idênticas sob a pretensa rubrica de "pesquisa". Nele repetem-se informações publicadas pelos jornais e revistas, e nada mais. É o caso, por exemplo, do artigo de Caldas e Queiroz (1997).

analítica, ganhe legitimidade. Importa o que isso pode representar em termos práticos na constituição de um campo da moda e, principalmente, de um campo de "saber" sobre ela.

O mercado de moda brasileiro contava, no momento em que esta pesquisa estava sendo realizada, com duas importantes instâncias de legitimação, dois grandes eventos de moda, um cuja finalidade era lançar novos nomes no mercado, o Phytoervas Fashion[3], outro cuja finalidade era apresentar trabalhos de nomes já conhecidos, o Morumbi Fashion[4]. Ambos ocorriam em São Paulo, local também onde se encontrava a maior parte da mídia especializada no assunto. Atualmente há um outro evento que, embora com característica diferentes, tem o mesmo objetivo que tinha antes o Phytoervas Fashion, lançar novos nomes no mercado: é a Semana de Moda. São eventos relativamente recentes, assim como diversos dos nomes que eles lançaram no mercado e ajudaram a consagrar. Apesar de recentes, fomenta-se entre os meios de comunicação a convicção de que ali está o centro da moda no país[5]. Sua história é, portanto, porta de acesso à compreensão de uma parcela importante do campo da moda no Brasil atual.

---

3 O Phytoervas Fashion teve início em 1994 e, até o ano de 1996, realizava duas edições anuais. A segunda edição do evento, em fevereiro de 1995, definiu que o número de participantes não poderia exceder 9 apresentações. Cada estilista podia participar até no máximo três vezes do evento. A partir de 1997 o Phytoervas Fashion passou a ter uma única edição anual e a incluir premiações para os melhores profissionais da área, tornando-se Phytoervas Fashion Awards. No entanto, não houve mais edições do evento, a última sendo realizada em 1998.

4 O Morumbi Fashion era um evento patrocinado pelo *Morumbi Shopping* e realizado duas vezes ao ano, uma para lançar a moda primavera/verão, outra para lançar a moda outono/inverno. Teve início em julho de 1996, sendo organizado pelo produtor de moda *Paulo Borges*, o mesmo que organizava o Phytoervas Fashion até aquele momento. O Morumbi Fashion foi, posteriormente, substituído pelo *São Paulo Fashion Week*, evento que acontece até hoje.

5 Rio de Janeiro e Belo Horizonte também podem ser consideradas polos importantes do mercado de moda brasileiro. A designação de "centro da moda" diz respeito mais ao lançamento de tendências por meio de desfiles. Ainda que, de todas as cidades com importantes eventos de moda e lançamento de tendências, São Paulo seja a principal.

O estudo dos profissionais envolvidos nesses eventos pode representar o estudo dos determinantes sociais de uma parcela da atividade de criação em moda, mais especificamente, aquela entendida como a criação na sua forma consagrada. Isso porque sobre esses profissionais recaem pressões sociais que imprimem a suas trajetórias um direcionamento específico. Nesse sentido, o estudo da trajetória desses profissionais pode representar uma possibilidade de reconstrução daqueles determinantes sociais que foram, ao longo do tempo, capazes de moldarem suas experiências individuais e de conferirem ao campo da moda um relevo particular. Cabe, portanto, à análise, retirar dessas trajetórias individuais, entendidas como experiências partilhadas, os determinantes sociais capazes de imprimir uma direção social específica à área de criação consagrada de moda[6].

É exemplar desse processo, e, portanto, dos determinantes sociais envolvidos na criação de moda, o "naturalmente indubitável" itinerário de um dos seus mais expressivos estilistas, Alexandre Herchcovitch, que foi consagrado por tais eventos: ficou conhecido junto com o I Phytoervas Fashion, em 1994, e hoje apresenta regularmente seus trabalhos no Morumbi Fashion, também desde seu primeiro evento em 1996. Sua trajetória pode ser tomada como representativa por uma série de motivos. Ele formou-se na mais importante faculdade de moda do país, a Santa Marcelina, responsável pela formação também de boa parte dos profissionais atuantes nas mais importantes grifes do mercado. Seu sucesso profissional está diretamente relacionado ao sucesso de tais eventos, hoje ele é considerado um dos principais profissionais da área no Brasil, ganhador do prêmio de melhor estilista no Phytoervas Fashion Awards de 1998. Sua trajetória coloca em ação, portanto, os mecanismos sociais

---

6 Metodologicamente, o que está em jogo é a construção de uma experiência coletiva. Isso não significa a anulação dos traços individuais dessas experiências, mas a tentativa de compreensão daqueles determinantes sociais capazes de imprimir a essas trajetórias individuais uma experiência partilhada. Sobre isso, ver Bourdieu (op. cit.), Elias (op. cit.) e Miceli (2001).

envolvidos na elaboração, manutenção e importância da crença de que a moda é uma estrutura dotada de centro.

Se acaso alguma biografia sobre Alexandre Herchcovitch fosse escrita hoje, inevitavelmente sua trajetória como estilista seria descrita como, primeiro, de um criador que não segue modismos, cujas influências em nada se assemelham a de seus concorrentes. Segundo, como de um estilista a cada dia mais maduro e capaz de executar peças cada vez mais bem acabadas. Suas roupas deixaram de ser descritas tão somente como roupas e passaram a receber a insígnia de "estudos de modelagem". É a trajetória de um "artista", expressa não só por suas roupas, mas também por sua tentativa de incursão no campo propriamente artístico através de exposição realizada no interior de uma galeria de arte. Tal descrição não seria, portanto, nem casual nem arbitrária: são essas as informações a disposição na imprensa. São esses também os indícios fornecidos pelo próprio Alexandre numa retrospectiva de seu itinerário. Nessa construção biográfica não estaria em dúvida a veracidade ou não das informações. Elas estão aí, à disposição para quem quiser conferi-las, letra impressa em um número considerável de jornais e periódicos especializados no assunto.

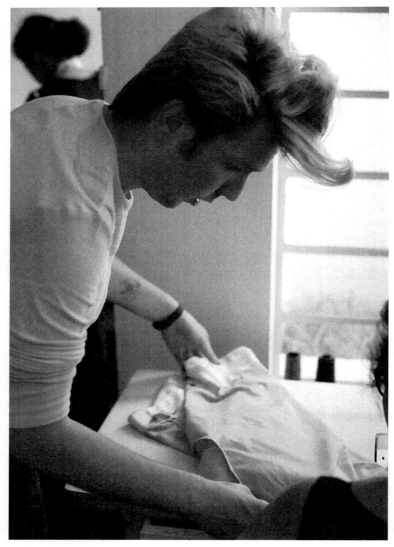

Alexandre Herchcovitch confere uma das peças para o desfile que iria realizar no Morumbi Fashion em fevereiro de 1997.

Herchcovitch ao lado da cantora Fortuna, ambos como apresentadores, entre tantos outros, do Phytoervas Fashion Awards de 1997.

Foto feita nos bastidores do Phytoervas Fashion Awards de 1998. Era o momento em que iriam anunciar o melhor estilista do ano. Todo o camarim parou, ao menos até onde a imagem da TV podia alcançar, para ver o resultado, desde manequins até a imprensa. Era, evidentemente, o resultado mais esperado. O ganhador do prêmio, naquele ano, foi Alexandre Herchcovitch.

A aceitação tácita dessas informações envolve componentes que tendem a passar despercebidos. Além do reconhecimento indubitável da centralidade da atividade de criação, é de senso comum crer-se que a trajetória individual, sua biografia, nada mais é senão um caminho e um caminhar, um trajeto que se fez e continua a ser feito no presente[7]. A legitimidade de tal noção implica, por um lado, a disposição dos diversos comentaristas, jornalistas especializados na interpretação dos eventos próprios à área da qual são comentadores profissionais, para aceitar tal criação artificial de sentido. E, por outro lado, implica a existência de mecanismos sociais de julgamento, de interpretação e de avaliação que autorizam tal atribuição de sentido. Uma das particularidades do campo da moda está em que essa concepção de senso comum acerca do que seja a trajetória biográfica vem somar-se à disposição em aceitar a designação de centralidade à atividade de criação, diante do que o reconhecimento da personalização da função fica subentendido.

Ao ler um comentário na imprensa, uma descrição sobre algum estilista e sua criação, ao ver uma determinada propaganda ou fotografia de moda, é diante dessa atribuição artificial de sentido que se está. Ao autorizar essa ou aquela interpretação, ao outorgar esse ou aquele significado, regras são instituídas e, com elas, um espaço de atuação fora do qual nada disso lhe seria representativo. Cada fotografia, cada matéria de moda, cada propaganda, cada peça de roupa expressa essa atribuição de sentido. Mas roupa, fotografia, propaganda e texto de moda não têm um significado que possa ser reconhecido como fixo: cada uma dessas coisas representa algo diferente para os diversos grupos de nossa sociedade, e os sentidos que a moda possa ter só podem ser entendidos se também forem entendidas as representações que nela estão envolvidas. E isso não quer dizer que a fotografia representa uma coisa, a propaganda uma segunda, a roupa uma terceira e o texto de moda uma quarta coisa diferentes. Cada um desses produtos carrega consigo convicções e expectativas acerca do

---

7 Cf. Bourdieu (1986).

significado da moda, e isso quer dizer que eles, apesar de diferentes, podem representar esforços de realização de convicções e expectativas semelhantes. Mas quais convicções e quais expectativas?

A forma sob a qual o campo da moda se apresenta não é apenas aquela que vemos impressa nos jornais e revistas. Aquilo que vemos nas matérias escritas é a expressão de um tipo particular de envolvimento com a moda, não a sua descrição imparcial. Além do que, supor que, ao ver e ler uma matéria sobre os lançamentos de moda, está-se diante de uma descrição do campo da moda nada mais é senão uma aceitação ingênua do senso comum acerca da centralidade da criação, o reconhecimento de seu caráter indubitável. Aceita-se a ideia de que ali se tem a descrição do campo da moda. Quando um estilista apresenta sua coleção em um desfile e se faz necessário elaborar interpretações e explicações para um dado evento da área, mecanismos sociais – que conferem propriamente uma forma ao campo da moda – são acionados para que possa ser-lhe impresso um determinado sentido. O que a reconstituição da trajetória de um estilista pode fazer é colocar em cena os mecanismos sociais que atuam para tal criação artificial de sentido: as convicções e as expectativas envolvidas nisso que se conhece pelo nome de moda. Coloca em cena também e aciona as regras diante do que se pode entrever uma forma ao campo da moda, assim como as autorizações – no sentido de consentimentos socialmente atribuídos – para as muitas interpretações elaboradas e os procedimentos expressivos permitidos a estas e mesmo à atividade criadora.

A intenção aqui não é escrever a biografia de qualquer pessoa que seja ligada à moda[8]. Além do que, qualquer tentativa de biografia, seja de Alexandre Herchcovitch, seja de qualquer outro estilista, que tivesse como base tão somente a aceitação tácita da perspectiva de

---

8 Os dados aqui apresentados, personagens e fatos de suas vidas, foram elencados com a preocupação de construir uma visão mais geral e objetiva a respeito do campo da moda e, principalmente, de seus determinantes sociais. Não há nenhuma pretensão, portanto, de que este possa ser um trabalho biográfico *stricto sensu*.

senso comum de que a moda é uma estrutura dotada de centro, resultaria inútil e redundante. E a mesma afirmativa vale para qualquer esforço semelhante que tenha por base a "história" de uma determinada roupa, peça de roupa ou "tendência de moda". Inútil, pois estaria implícita a incapacidade de indagar quais os mecanismos sociais que atuam tanto na produção quanto na aceitação de uma dada biografia ou história[9]. E redundante, pois nada mais faria senão reeditar o discurso dos comentadores profissionais do mundo da moda. Ou seja, incorrer-se-ia no erro de tomar a notícia tal qual veiculada pela imprensa como sinônimo de conhecimento, como se nada estivesse ocorrendo aí que tornasse possível que tal "conhecimento" pudesse ser assim aceito como senso comum.

Tal discurso, o da imprensa, é capaz também, como tantos outros, de reatribuir significados ao passado em função do presente. Quando, por exemplo, antes do desfile da coleção de Herchcovitch no Morumbi Fashion de fevereiro de 1998, a imprensa anunciou que ele prosseguiria "com seus estudos de modelagem", ficou explícita essa ressignificação em função de um presente anunciado. Obviamente, essa ressignificação não se faz por meio de uma mera e tola distorção do passado. Há evidências, elementos que podem ser recuperados e que lhe dão sustentação. Após o desfile, esse mesmo que acabou de ser citado, o jornal *Folha de S.Paulo* publicou a seguinte matéria:

Herchcovitch retoma estética da transgressão
Érika Palomino (Colunista da *Folha*)
Jackson Araújo (*Freelancer* para a *Folha*)

(...) Mais uma vez os modelos desfilam com os rostos cobertos, desta vez por enorme peruca com franja. Androginia.

A primeira entrada importa e já tira o fôlego[10]. A modelo Ana Claudia aparece num suporte tipo fio dental de escola de samba. Sexo. Transgressão.

---

9 Especificamente sobre isso, ver Miceli (op. cit.).
10 No dia anterior ao desfile, quando questionado sobre qual seria sua primeira entrada, ou seja, qual modelo abriria o desfile, sua resposta foi "Não importa".

Aciona o experimentalismo em formas indescritíveis de vestidos com pernas e caudas, híbridos de casacas, macacões, saias e quimonos.

Herchcovitch mistura referências preconcebidas de roupas, imagens, séculos e décadas. O que dizer, por exemplo, do Michael Jackson robótico, criado com um macacão de automobilismo azul e preto? Ou da viúva negra do final, em deslumbrante vestido bordado e laços laterais nos ombros?

Herchcovitch vem de novo difícil, experimental e sem concessões. O fundamento desta coleção é a fragmentação das roupas, que cobrem e descobrem o corpo com furor e técnica.

O melhor da coleção: vestidos pretos, chiques e bem construídos, e os longos de corpo de látex bordado com rosas de miçangas e canutilhos.

Fonte: Jornal *Folha de S.Paulo*, 13.02.1998.

O jornal *O Estado de S.Paulo*[11], por sua vez, publicou a matéria a seguir:

Herchcovitch mostra evolução de seu estilo
Ele se afirma como estudioso de formas com vestidos e macacões de caimento impecável
Lilian Pacce (Especial para o *Estado*)

(...) A coleção de inverno de Herchcovitch é uma evolução em sua trajetória como estilista. Ele se afirma como estudioso de formas e modelagens e desta vez finalizou ideias que haviam ficado soltas no verão, como as casacas. Elas continuam ali, como fonte de inspiração, mas ele as transforma em vestidos e macacões ou aprimora seu caimento em impecável versão clássica, às vezes napoleônica, com direito a forro personalizado com *jacquard* de caveirinhas. No *release* eletrônico pré-desfile, ele alerta: "As roupas reproduzem-se, prestem atenção nos filhotes."

---

11 A *Folha de S.Paulo* e *O Estado de S.Paulo* são os dois jornais diários de maior circulação tanto na cidade quanto no Estado de São Paulo, e ambos dedicam um espaço fixo para os eventos de moda. Apesar de o Morumbi Fashion ser um dos principais eventos de moda do país, jornais diários de outros Estados não chegaram a fazer nenhum comentário a respeito. No Rio de Janeiro, outro importante polo do setor de moda no país, o *Jornal do Brasil* dedicava a maior parte de seu espaço aos preparativos para o carnaval e sequer comentou o desfile de que está se falando.

As saias que abaixo do joelho viram calças, as calças que dobram em prega como saia, os vestidos de duas saias (uma saia-cauda, outra saia-tubo) são algumas das peças que ele multiplica e aperfeiçoa, tanto pelos tecidos (lã pura, tricoline *stretch*) como pelo acabamento. Bom *image maker*, ele cobre o rosto dos modelos com peruca preta e cartolas, deixando à mostra só a boca vermelha, cortada ao meio por preto, num look que impressiona sem roubar a cena do principal objetivo de um estilista: as roupas.

Versão *sex shop* – O corselete também progride.

Herchcovitch propõe versão *sex shop* (de *laise*, com elástico ou fio dental), *lingerie* (renda *stretch*) e donzela de amanhã: top de látex prata e longa saia de musseline bordada de canutilho. Tudo vem em cinzas e pretos, com filetes de azul-royal. Para a próxima estação, Herchcovitch deve trabalhar mais a ideia dos macacões de automobilismo (...).

Fonte: Jornal *O Estado de S.Paulo*, 13.02.98.

Os comentadores acima baseiam-se, é claro, nas características estéticas para formularem suas próprias concepções a respeito das roupas apresentadas. Contudo, e é isso o que importa aqui, a discrepância entre as avaliações e a diferença entre os critérios e os termos utilizados para dar ênfase a suas conclusões não devem sua origem tão somente a uma disparidade de "pontos de vista". Há, em cada uma delas, um sentido diferente sendo expresso. Por *sentido* entenda-se a sinalização de um caminho, de uma direção a ser adotada e que possibilita ao indivíduo uma tomada de posição diante dos fatos e das pessoas ao seu redor. Isso significa, na prática, o fornecimento dos instrumentos necessários para que essa tomada de posição seja possível: que julgamentos fazer, o que enfatizar e como expressar-se. Disso resulta que, de um lado, verifica-se a preocupação em encontrar em Herchcovitch uma associação entre ele e uma postura transgressora, e que os principais termos de explicação utilizados para enfatizar essa associação "encontrada" sejam "androginia", "sexo", "transgressão", "difícil, experimental e sem concessões". E, de outro lado, verifica-se uma total indiferença à associação do estilista a uma postura transgressora, resultando uma explicação de caráter estritamente formal: "evolução em sua trajetória", "progresso", "estudioso de formas". Uma estabelece como direção para a análise a estética enquanto ato e, a outra, a estética enquanto forma[12].

Isso faz com que, ao ser transformada em objeto passível de "análise", a criatividade de Herchcovitch deixe de ser a peça central do jogo. Não é ela que, por si só, suscita as diferentes interpretações expressas nas matérias transcritas acima. Suas roupas acionam interpretações diferentes porque o que está em jogo, em cada uma delas, são convicções diferentes a respeito do significado da moda. E diferentes convicções autorizam diferentes formas de explicação, de adequação de um evento – o desfile, no caso – a regras próprias de inteligibilidade. Quando mudam as convicções, mudam as soluções apresentadas, expressas na elaboração das interpretações, assim como mudam os procedimentos necessários para dar-lhes ênfase.

Não é fortuito que o termo "transgressão" surja no seio de uma visão cuja referência principal é uma estética caracterizada enquanto ato. Nem tampouco que a expressão "estudos de modelagem" tenha surgido no seio de uma visão cuja referência principal é uma estética caracterizada enquanto forma. Não é por acaso também que os mesmos macacões de automobilismo sejam descritos de maneiras tão diferentes. Na *Folha de S.Paulo* pode-se ler que:

> Herchcovitch mistura referências preconcebidas de roupas, imagens, séculos e décadas. O que dizer, por exemplo, do Michael Jackson robótico, criado com um macacão de automobilismo azul e preto?

E em *O Estado de S.Paulo*, por sua vez, pode-se ler que:

> Ele se afirma como estudioso de formas e modelagens e desta vez finalizou ideias que haviam ficado soltas no verão, como as casacas. Elas continuam ali, como fonte de inspiração, mas ele as transforma em vestidos e macacões (...).

---

12 Que serão designadas assim, aqui, por estrita conveniência de momento. As oposições entre os diversos sentidos impressos à moda ficarão mais evidentes nos capítulos posteriores.

Na primeira versão, trata-se de uma combinação desordenada de referências, sem tempo e espaço definidos: o ato as ordena e lhes confere uma coerência. Na segunda, é a finalização de uma ideia original que é também uma forma: as casacas. Nenhuma das duas interpretações pode ser considerada como de maior ou menor fidedignidade pois, apesar de expressarem sentidos diferentes, em ambos os casos está em jogo uma mesma postura: dentre os elementos apresentados são destacados apenas aqueles considerados convenientes e coerentes com cada visão, com cada significado que a roupa e a moda possam ter. Na prática, tal postura traduz-se da seguinte maneira: sob que formas pode-se ver aquilo que se quer ver, e sob que formas pode-se falar aquilo que se quer falar. O que muda é aquilo que cada uma delas quer ver e falar, aquilo que cada uma delas está predisposta a encontrar naquilo que vê, assim como mudam os elementos, a serem descritos ou que sirvam de suporte à descrição, que cada uma seleciona para a elaboração de sua interpretação. Quando Erika Palomino e Lilian Pacce emitem seus juízos de valor, não é mais o desfile de Herchcovitch que está em jogo, mas a capacidade de cada uma delas para encontrar, nesse desfile, os elementos necessários para uma elaboração coerente com suas interpretações, a capacidade de cada uma em expressar com maior ou menor legitimidade um determinado sentido. O que está em jogo são convicções diferentes acerca do significado da moda e, com isso, diferentes sentidos sendo expressos em cada uma dessas convicções.

Como se pode observar pelo itinerário de Herchcovitch, assim como de qualquer outro estilista, não há, obviamente, apenas comentadores profissionais e os respectivos sentidos que cada um deles tenta expressar com obstinada legitimidade, envolvidos no processo de construção de significados para sua trajetória. Há Herchcovitch também, com seus próprios objetivos a serem atingidos e, basicamente, o propósito de ser reconhecido como um criador. Seu itinerário é um esforço para mostrar-se um criador, mas é também um esforço constante para encontrar os instrumentos e o espaço sociais adequados e capazes de conferir legitimidade à sua atividade criadora. Meses antes desse desfile de fevereiro de 98, Alexandre Herchcovitch tentou inscrever suas criações no campo propriamente artístico. Segundo a reportagem publicada na época, pelo jornal *Folha de S.Paulo*, a exposição era composta por

> (...) vestidos, blusas, blazers, luvas e sapatos sem qualquer pretensão de uso. Neles, o caimento é imperfeito, as costuras são aparentes, o acabamento é precário (...).
> Uma luva infinita (apenas uma, não o par) desce do alto da galeria em seus vários metros de comprimento. Um par de sapatos (muito bem resolvido plasticamente) mira o vazio da parede no alto de seus saltos de um metro de comprimento.
>
> Fonte: Jornal *Folha de S.Paulo*, 21.10.97.

A preocupação em associar moda e arte não é exclusiva de Alexandre, outros estilistas esforçam-se para atender ao mesmo propósito. A M. Officer, por exemplo, é uma das grifes nacionais que mais investe na associação entre suas roupas e arte, associação esta aceita e divulgada pela imprensa. Não se trata de uma característica particular a um estilista, mas sim de uma preocupação e de um interesse partilhado por muitos ali. Muito antes mesmo, mais especificamente na década de 1960, do mercado de moda brasileiro assumir a forma que hoje tem, os investimentos ligados à moda eram investimentos também de fomento à cultura e à arte nacionais[13]. A arte é uma referência central para os indivíduos envolvidos com a atividade de criação. Isso não deve, contudo, ser tomado como indicativo de que a moda seja arte, discussão que aqui seria irrelevante, mas sim de que privar a moda de uma identidade mais propriamente artística pode representar, para muitos desses indivíduos, privar a experiência social ligada à criação de moda de um significado que lhe é almejado. As implicações disso não devem ser tomadas no seu aspecto mais superficial, isolado do contexto geral das relações em jogo tanto dos indivíduos entre si quanto deles com os valores sociais capazes de sancionar ou não suas

---

13 Ver Bonadio (2005).

ações. Fica claro, no entanto, que o esforço desses estilistas consiste em imprimir para si e suas criações a insígnia de arte. Não se trata, no caso de Herchcovitch, assim como de muitos outros estilistas, de um artista que busca o reconhecimento de criador em diversas modalidades de criação, mas de um estilista que pretende o reconhecimento de artista. Não é do nada que surge essa preocupação, assim como não é do nada que surge a decisão de optar pela arte como estratégia para marcar uma determinada imagem. O fato de que muitos estilistas tenham a mesma preocupação indica que sobre a área de criação recai uma pressão social bastante específica. Indica também o caminho buscado por muitos deles para contraporem-se a essa pressão.

Em algum momento de seus percursos como estilistas, fez-se a "opção por crer" – como se isso fosse uma "opção", e não a resposta a pressões sociais específicas – que suas identidades deveriam passar pela consagração como artistas. Ou, em outros termos, que o mecanismo e o espaço sociais adequados para autorizar seus trabalhos, fornecendo os instrumentos necessários para sua aceitação, poderiam ser encontrados na arte: no campo da arte, propriamente dito, ou na sua convivência simulada.

É expressiva dessa pressão, e das respostas que os estilistas têm buscado dar a ela, a mudança terminológica que pode ser observada na área. A denominação "estilista" tem sido substituída, em alguns contextos, por "designer". A mudança na terminologia implica um esforço claro que tem sido feito, ao longo do tempo, de conciliação entre esses profissionais e o campo artístico. "Designer" é a solução – ou verbalização – encontrada para um esforço de conciliação entre dois campos bastante distintos, o artístico, supostamente livre de pressões econômicas, e o campo econômico, caracterizado por preocupações bem diferentes das propriamente artísticas. O "designer" surge, dentro desse contexto, como um esforço evidente de conciliação entre os interesses e as pressões desses dois campos. É a forma encontrada para se estabelecer uma aproximação com o campo artístico sem que, contudo, se perca o caráter comercial da própria criação voltada para o mercado.

A insígnia de arte, embora isso não seja uma certeza, embora haja um componente de aposta e de risco envolvido nas ações desses estilistas, modifica-as, imprime-lhes uma nova significação: seja o que for que tenha ocorrido no passado, e o que quer que esteja acontecendo no presente, trata-se da trajetória de um "artista", e é sob esse prisma que se quer que ela seja lida. Quando se faz a "opção por crer" que suas identidades como estilistas deveriam passar pela identidade de artista, faz-se a opção por crer que essa é sua história, e é assim que se quer que os outros a vejam. Herchcovitch também está a procura, assim como muitos outros estilistas, do conjunto de valores capaz de indicar-lhe um sentido que o autorize a não ter dúvidas sobre sua própria história, que possibilite que ele se certifique de sua posição enquanto "criador".

Mas não há significado sem que, de alguma maneira, ele seja autorizado, sem que se faça uso dos instrumentos sociais adequados a sua compreensão e aceitação. As ações individuais acabam por instaurar, com isso, uma relação dinâmica entre os diversos mecanismos sociais e as diferentes autorizações acionadas para possibilitar a aceitação de um determinado sentido. É apenas a partir dessa relação dinâmica que se pode chegar aos mecanismos sociais que estão ali atuando e à forma sob a qual está estruturado o campo da moda. Cada ação, cada movimento, revitaliza os mecanismos sociais dessa estrutura. Toda a tensão gerada, no entanto, é sentida apenas nos indivíduos nela inscritos[14]. Não é por acaso que o senso comum conclui tratar-se, a trajetória biográfica, da realização de expectativas individuais, como se não houvesse, por trás, nenhum mecanismo social que as autorizasse, como se não houvesse a necessidade de que os instrumentos necessários à sua compreensão e aceitação fossem de alguma forma fornecidos, e como se nada disso representasse a realização de mecanismos e expectativas sociais e a consequente revitalização de seus instrumentos de compreensão e de aceitação.

---

14 Sobre o individualismo na sociologia de Weber, ver Waizbort (1995). Sobre a ilusão biográfica, ver Bourdieu (op. cit.).

Dias antes de seu desfile de fevereiro de 1998 no Morumbi Fashion, a jornalista Lilian Pacce visitou o *atelièr* de Alexandre e ele lhe deu o seguinte depoimento:

> "Há três estações eu não mostro mais novidades", diz em calculado tom impassível, confundindo talvez provocações com amadurecimento. Amadurecimento que se consolidou no inverno passado ao apresentar a mais precisa e deslumbrante de suas coleções.
>
> Fonte: Jornal *O Estado de S.Paulo*, 05.02.98.

A obstinação dos comentadores profissionais em ver apenas aquilo que querem ver e falar apenas aquilo que querem falar é expressiva desse mecanismo de autorização de um determinado sentido. Aquilo que Herchcovitch chama de "não mostrar mais novidades", Lilian Pacce chama de "amadurecimento". Esse desencontro de avaliações só é possível porque estão em jogo diferentes mecanismos atuando para autorizar diferentes tipos de interpretação. A atribuição de "amadurecimento" é da jornalista, e não dele, pois é sobre essa análise que uma sanção está sendo atribuída. Só pode pertencer a ela, portanto, e não a ele, a confusão entre as "provocações" e o "amadurecimento". É evidente que o desencontro entre os dois monólogos acima se deve ao fato de o reconhecimento de Lilian Pacce não ser exatamente aquele que vai de encontro às expectativas de Herchcovitch. O sentido que Herchcovitch quer encontrar em sua própria história e em suas criações não é, necessariamente, o mesmo que Lilian Pacce busca encontrar.

Retrocedendo um pouco mais, alguns meses antes de sua exposição de arte, portanto, pode-se encontrar uma entrevista sua realizada antes de seu desfile no Morumbi Fashion de fevereiro de 1997:

Herchcovitch segue imagem de uma viúva
(da Redação)

> O paulistano Alexandre Herchcovitch, 25, é o eterno "enfant terrible" da moda brasileira – por mais que todo mundo que é assim

chamado odeie o termo. O estilista enche o meio de moda do país de expectativa a cada temporada e esta não é diferente.

O que será que o Alexandre vai aprontar desta vez?

Leia a seguir algumas referências presentes em seu desfile de inverno, hoje às 21h, na sala Frevo do Morumbi Fashion Brasil, no prédio da Bienal (parque Ibirapuera, zona sul de São Paulo). (...)

Folha – O que é o estilo Alexandre Herchcovitch?

Alexandre Herchcovitch – Não sei.

Folha – Quais as suas referências no momento da criação?

Herchcovitch – Sempre tenho a mesma imagem de mulher: uma viúva. Todas as imagens são estereotipadas: a viúva, a prostituta, o travesti, a mãe judia. Todas trazem uma carga de sofrimento e perversidade, algo errado.

Folha – Você se sente incompreendido e/ou mal interpretado?

Herchcovitch – Sinto que as pessoas não levam meu trabalho a sério, acham "muito louco" ou acham que é brincadeira. Para essas pessoas, quero responder que tudo é muito pensado nos meus desfiles. Quando antecipo tendências, todo mundo acha "muito louco". Quando fazem lá fora, uma estação depois, as pessoas começam a gostar.

Folha – Descreva uma imagem de mulher da nova coleção.

Herchcovitch – Na cabeça, tiara de veludo com franja de canutilho preto com rosas pretas de organza. Camisa masculina de voal de algodão preto; paletó de um botão de tricô preto; sobreposição de pantalona de voal de náilon preto e limão; cinturão azul-marinho com laço de lã nas costas; meia rosa-choque e sapato de couro com os pés invertidos.

Folha – Que moda você vai estar fazendo daqui a cinco anos?

Herchcovitch – Uma moda mais bem acabada. Vou mais fundo nas minhas montagens, sem nenhum medo.

Desfile: Alexandre Herchcovitch. Quando: hoje, às 21h. Onde: sala Frevo, do Morumbi Fashion Brasil (Ibirapuera, zona sul de SP).

Fonte: Jornal *Folha de S.Paulo*, 23.02.97.

Observe-se que ele, nesse momento, "ainda" não conseguiu formular uma definição para sua posição, ou, em outros termos, não conseguiu definir para si próprio uma posição em que não houvesse a possibilidade de dúvidas a seu próprio respeito, assim como de seu itinerário como "criador". Isso porque sua posição no campo da moda ainda não estava plenamente consolidada, o que não pode ser creditado às suas ações individualmente. Como foi dito no início, a trajetória de Herchcovitch confunde-se com a trajetória desses eventos e, portanto, com o próprio processo de consolidação destes no campo da moda. A insegurança que se pode observar em seu depoimento traduz a incerteza das posições profissionais nesse campo ainda em processo de consolidação. Muito diferente é o discurso desses mesmos profissionais quando já instalados em posições de prestígio e de autoridade consolidadas. Entende-se agora o porquê da "arte" surgir em sua trajetória, em um momento posterior, como uma possível opção de caminho, algo que lhe permitisse estabelecer uma posição que não suscitasse dúvidas, na qual pudesse certificar-se de si mesmo. Sobre essa opção não pesam apenas questões individuais. Sobre ela recaem as pressões próprias a um campo ainda não consolidado e que não permite, portanto, que seus profissionais falem de si mesmos e de suas trajetórias sem esse tão evidente componente de dúvida. As evidências para que ele possa certificar-se de sua trajetória e de sua posição social não estão, contudo, em si próprio, mas diluídas na forma de instrumentos sociais que permitam sua aprovação ou reprovação.

É nítido seu desconforto com uma crítica que define seu trabalho como "brincadeira". Não está em questão ser ou não "verdade" a ideia de seu trabalho ser, àquele momento, uma "brincadeira", essa é uma dúvida absolutamente irrelevante aqui. Mas importa o fato de que seu trabalho mostra-se inadequado a depender da perspectiva social e do sentido sob os quais é avaliado ou, em outros termos, a depender dos mecanismos sociais que são acionados para legitimar sua compreensão e sua aceitação. Um desses sentidos expressos, portanto, ao qual se pode chegar pelo discurso de um dos jornalistas, não atribui valor ao seu ato e por isso dá margem a que este seja designado como uma "brincadeira"[15]. Não se trata de uma batalha

---

15 Nas próximas fontes apresentadas pode-se ver a qual jornalista pertence à atribuição do termo.

de forças em que estão em jogo as "verdades" da interpretação de cada um. Trata-se de uma batalha de forças para que se definam os critérios sociais sob os quais deve se pautar a consolidação desses eventos dentro do campo. É imperativo, tanto para Herchcovitch quanto para os demais estilistas, passar a imagem, para si mesmos e, assim, para os outros, de estilistas "sem medo", de pessoas que esperam ter seus atos colocados como referência central para sua compreensão e aceitação. Esse é o recurso expressivo possível dentro de um contexto em que as posições de prestígio e de autoridade ainda estão para serem consolidadas. Diante da ausência de definições próprias que um campo ainda em formação não pode fornecer, ganham força as afirmações de que essas posições se marcam por critérios individuais, pautados unicamente em qualidades pessoais.

Fica evidente toda a tensão gerada entre os diversos mecanismos sociais e os respectivos instrumentos que estes são capazes de fornecer para autorizar uma dada forma de compreensão e de aceitação. É isso que suas dúvidas expressam e, mais especificamente, o fato de que o componente dinâmico de toda essa tensão só pode ser encontrado nos indivíduos. Sobre eles é exercida diretamente a tensão entre tais mecanismos que agem mais propriamente como forças, definindo os caminhos possíveis para a trajetória individual, ou, mais precisamente, para que tal trajetória seja aceita, para que seja compreendida sem que se suscitem dúvidas. Mas como toda essa tensão é exercida sobre os indivíduos, as dúvidas observadas tornam-se, para o senso comum, nada mais que dúvidas de uma determinada pessoa, expressão de um conflito individual, como se essa trajetória individual fosse real, mas os mecanismos sociais que a autorizassem, e os conflitos que esses diferentes mecanismos geram, não fossem. Quando Herchcovitch optou pela "arte", assim como tantos outros estilistas fizeram em determinados momentos de suas trajetórias, optou por tentar estabelecer para si próprio uma posição na qual pudesse administrar a tensão entre essas diversas forças sociais. Essa situação, no entanto, esse esforço por tentar administrar a tensão e elaborar para si próprio uma posição que minimize as dúvidas sobre sua história não pode ser tomado como *o* momento de uma trajetória, a partir do qual todos os demais estariam explicados. *Todo* o percurso individual deve ser entendido como uma tentativa constante de administração dessa tensão.

Seu desfile de fevereiro de 1997, ao qual se refere na entrevista anterior, também é, como qualquer outro, uma tentativa de resposta a isso. Cada desfile, tomado isoladamente, é uma tentativa de resposta a um dado contexto e a um momento desse conflito. Nesse desfile, Herchcovitch apresentou uma coleção inspirada na morte e no contato com ela. O tema central de sua coleção foi inspirado em uma série de fotografias de espectros, a maior parte delas realizada na Rússia no começo do século[16]. Isso direcionou a criação de roupas de forma a fazer com que passassem a impressão de algo etéreo: havia uma sobreposição de tecidos onde a roupa de cima era propositalmente transparente. Por tratar-se de tecidos, a transparência era fosca, com o objetivo de lembrar a ideia de que os espectros são parcialmente visíveis. O convite para o desfile tentava passar a mesma ideia, uma vez que vinha envolto por um papel vegetal. Além de espectros, desfilaram roupas que, de alguma forma, lembravam um velório ou um enterro: mulheres com um véu negro cobrindo o rosto e homens vestindo um terno escuro. Os sapatos que os manequins calçavam estavam trocados (o pé direito calçando o sapato esquerdo e vice-versa); as mulheres usavam um véu negro de luto, mas a roupa, em vez de convenientemente preta, era cor-de-rosa; os laços dos vestidos não eram convencionais, mas gigantes, desproporcionais; os homens usavam um terno preto, sério, mas seus cabelos exibiam um gel verde fosforescente; e quando as mulheres usavam preto, uma meia cor-de-rosa e amarela rompia com a imagem de luto tradicional.

Foi exatamente assim que ele conseguiu renome em nível nacional: explorando temas considerados malditos. Assim foi também em

---

16 As informações aqui apresentadas me foram passadas pelo próprio Alexandre e por seu assistente, Maurício, dias antes do desfile para que eu pudesse ter uma ideia antecipada, e mesmo privilegiada, do que eles pretendiam mostrar.

seu desfile de formatura na Faculdade de Moda Santa Marcelina, em São Paulo, aquele que lhe deu expressão, em que explorou três temas: o hospício, o cortiço e o Tibet (referindo-se à salvação). Sob a ótica da inversão e da deformação, as roupas referentes ao tema do hospício traziam homens vestidos de mulher, terços ensanguentados, freiras com chifres usando botas sadomasoquistas (a Santa Marcelina é uma faculdade de freiras) e cruzes invertidas. No tema do cortiço, as manequins desfilavam roupas envelhecidas precocemente e peças que não se encaixavam no corpo. E a inspiração a respeito do Tibet, que foi a maneira encontrada por ele de explorar o tema da salvação, era, evidentemente, mais um confronto direto com as freiras da instituição. Assim foi também sua participação nas três primeiras edições do Phytoervas Fashion, evento que consagrou seu nome no mercado de moda brasileiro.

Ao escolher a morte como o tema central de seu desfile de fevereiro de 1997, ele optou por confirmar a continuidade da imagem que o tornara conhecido. Inversão, deformação e temas malditos eram as características principais de sua imagem como estilista, e elas estavam lá, embora não de forma ostensiva. Não é por acaso que os manequins desfilavam peças que não se ajustavam ao corpo, peças sem simetria, que as calças não tinham cavalo, mas que as saias tinham, e que a etiqueta com seu nome – ao lado da caveira, sua marca registrada – vinha costurada de ponta-cabeça nas roupas. Ao utilizar como "estratégias de estilo" a inversão, a deformação e temas "malditos", supostamente ele estava expressando a "sua" marca, e não dando uma resposta a procedimentos expressivos correspondentes a um determinado sentido social e que aceita sua utilização, dependendo de por quem for feita. Espera-se que haja um reconhecimento de tais estratégias e que por meio delas se conclua a sua "individualidade". Há, portanto, a expectativa de que Herchcovitch, expectativa dirigida também aos demais estilistas, seja capaz de atender a uma certa demanda de procedimentos expressivos, reafirmando seus instrumentos de expressão e de diferenciação sociais. É a capacidade ou não de atender tal demanda que dá legitimidade à posição ocupada por tais estilistas e que se designa como o centro de uma estrutura, a suposta fonte das estratégias simbólicas. Com isso, nossa atenção é desviada dos mecanismos e das pressões sociais que recaem sobre eles para a capacidade que eles têm de corresponder a tais cobranças sociais. É isso que leva à suposição, portanto, de que a criação é tão somente individual, nada expressando de social, e a de que a moda seja uma estrutura dotada de centro.

O fato, no entanto, de um estilista ser ou não capaz de atender a tais cobranças não explica, por si só, tanto a legitimidade de sua posição quanto a convicção de que esta é uma estrutura dotada de centro. Se assim fosse, o conjunto dos estilistas presentes em tais eventos não representaria mais que uma coleção desordenada de estratégias expressivas, e nenhuma explicação seria suficiente para demonstrar como tal coleção pode resultar uma estratégia particular de expressão com regras próprias para sua renovação e manutenção[17]. Apenas depreender os sentidos presentes em sua criação não é suficiente para que se possa entender os mecanismos sociais envolvidos na estruturação do campo da moda. É um erro supor uma situação tão mecânica em que se conclua, tão somente, que Herchcovitch "atende" a uma certa demanda de procedimentos expressivos, e seja simplesmente isso que esteja ocorrendo. Não é a sua criatividade que, por si só, suscita as interpretações que podem ser encontradas nos textos dos comentadores profissionais. Os mecanismos sociais têm tanta realidade quanto as ações individuais. E assim seu desfile de fevereiro de 1997 foi descrito:

---

17 Pierre Bourdieu apresenta uma análise bastante objetiva e concisa acerca da estruturação do campo da moda na alta costura francesa. Ver Bourdieu e Delsaut (op. cit.). A principal diferença estabelecida aqui com a análise de Bourdieu não se refere à postura analítica adotada diante das fontes, mas à sua "data": mudanças ocorreram na estrutura do campo da moda após seu trabalho ter sido escrito, e sentidos inesperados passaram a ser adotados com uma certa autonomia entre si. É este campo da moda, da forma como está estruturado hoje, que interessa aqui.

Herchcovitch brilha com nova alfaiataria (...)
Erika Palomino (Colunista da *Folha*)

O estilista Alexandre Herchcovitch fez anteontem à noite seu mais arrojado desfile, dentro do Morumbi Fashion Brasil. (...) A novidade é que Herchcovitch agora faz alfaiataria. E benfeita. Para entrar no mercado inglês, seu próximo passo, o estilista se forçou a ternos, calças e *looks* em que a costura é o ponto forte.

Continua, entretanto, o trabalho sobre as formas e sobre a imagem. Nisto ele continua desafiador.

Seus modelos têm o rosto coberto por um aplique de canutilhos pretos. O efeito é algo próximo de um orixá de candomblé-*fashion*. (...) Um dos momentos mais empolgantes foi o bombom cor-de-rosa, com o laço atrás, mas foi o final o mais emocionante: com luz negra e todo o restante às escuras, os modelos entraram para agradecer em fila, com os cabelos acesos, por causa da tinta fluorescente (...).

Fonte: Jornal *Folha de S.Paulo*, 25.02.97.

Alexandre Herchcovitch Amadurece e Muda
Com a melhor coleção apresentada até anteontem no Morumbi Fashion Brasil, o estilista perseverante e talentoso mostrou que não brinca mais de caveirinha e *drag queen*
Lilian Pacce (Especial para o *Estado*)

Alexandre Herchcovitch brindou a plateia do Morumbi Fashion Brasil, que termina hoje no prédio da Bienal, com a melhor coleção apresentada até anteontem. A primeira imagem resume tudo: ele mudou. Amadureceu. Não brinca mais de caveirinha e *drag queen*. Prefere a imagem forte de uma modelo, com franja de canutilho cobrindo seu rosto, que veste um bem modelado blazer de tricô preto usado com saião de voal de náilon duplo (preto sobre limão) e cinto que forma um imenso laço atrás (...).

Verde-limão e *pink* translúcidos contrastam com a austeridade do preto, do cinza e do marinho. As saias bufantes encolhem no joelho e descem soltas ou como calça. A camisa de voal vem arrematada com o lação traseiro, paletó acinturado de um botão só ou casaco 3/4 fechado por zíper (com manga dupla), marcando a estreia de Herchcovitch no preciso mundo da alfaiataria. Apenas algumas calças masculinas precisam ser mais bem trabalhadas.

O látex cru, que Herchcovitch vinha experimentando, ganha textura mais adequada e cores fortes, como vermelho, amarelo e prata. São tops ou tubos de gola alta e sem manga, com bainha de franja derretida. Enfim, um progresso significativo que reflete a perseverança de um jovem (ele tem 25 anos) e o talento de um estilista.

Fonte: Jornal *O Estado de S.Paulo*, 25.02.98.

Há um evidente descompasso entre as ações individuais: suas nuanças são pulverizadas, delas restando apenas os sentidos que possam estar expressando. Aos indivíduos resta o esforço de tentar compreender a aceitação ou a recusa imposta sobre suas ações. Como fica claro com as duas matérias transcritas acima, não é a descrição fidedigna do evento que está em questão, mas a carga de expressividade que pode lhe ser dada para que ela represente, da forma mais legítima possível, o sentido que seus comentadores esperam encontrar ali. Apesar do elogio inicial no texto de Erika Palomino[18], os elementos que ela procurava só foi encontrar fora das roupas: o rosto coberto das mulheres ("o efeito é algo próximo de um orixá de candomblé-fashion") e o gel verde fosforescente ("foi o final o mais emocionante"). Seu discurso sofre sanções de um determinado tipo, e é isso, não o evento descrito, propriamente dito, que define os termos e os elementos a serem utilizados na sua descrição. Define, portanto, um sentido específico para seu olhar e para sua interpretação do evento. No texto de Lilian Pacce, verifica-se a mesma coisa, com a diferença de que sua análise sofre outro tipo de sanção, sobre ela é impresso um outro sentido, de caráter estritamente formal, o que desencadeia um texto centrado nas formas e nas suas derivações. O mecanismo, visível por meio dos comentadores, é sempre o mesmo:

---

18 Ela e Alexandre são amigos pessoais. Sua trajetória, assim como a dele, confunde-se com o processo de consolidação desses eventos no campo da moda. Ela assumiu o comentário de moda ao mesmo tempo em que Herchcovitch assumia o papel de profissional da área de criação de moda.

encontrar o maior número possível de elementos que legitimem suas interpretações. O que muda é se num determinado momento são oferecidos – ou identificados – mais elementos para sustentar uma interpretação e não outra. Se para uma ele "continua desafiador", para outra ele "amadurece e muda". Quando Erika Palomino diz, um ano depois, acerca do desfile do Morumbi Fashion de fevereiro de 1998, que "Herchcovitch retoma estética da transgressão", quem retoma uma situação é a própria jornalista: novamente ela encontra uma situação que lhe propicia a elaboração de um discurso que possa avaliar o mundo ao redor segundo uma ótica que tem como base uma estética enquanto ato. E é apenas isso que importa: encontrar elementos que deem sustentação a uma dada criação artificial de sentido, que sejam coerentes com ela. Essa obstinação em ver apenas aquilo que se quer ver e falar apenas aquilo que se quer falar faz com que seja impossível perceber qualquer detalhe diferente disso ao redor. Ou, quando se percebe, ele é descartado. É o silêncio sobre esses outros elementos que melhor traduz isso. Há aquilo sobre o que se deve falar, e há aquilo sobre o se deve calar, o que "não merece" comentário ou atenção. É isso que faz com que Erika Palomino identifique "transgressão" no desfile de Herchcovitch, e Lilian Pacce, "progresso" e "estudo de formas".

Com isso temos diante de nós um campo estruturado não a partir de uma suposta "fonte" criadora e instituidora de estratégias simbólicas, como se quer crer que seja o campo da moda, mas a partir das diversas representações que são feitas em torno do que possa ou não ser a moda. Ou, mais precisamente, a partir dos instrumentos de interpretação, de compreensão e de aceitação fornecidos por sentidos socialmente instituídos e que determinam seus usos. Isso faz com que, na trajetória de qualquer estilista, haja não *uma* criação artificial de sentido em jogo, seja num determinado evento, numa propaganda ou numa matéria sobre moda, mas sim uma relação dinâmica entre *várias*. O fato de um estilista receber mais elogios de um comentador em um determinado momento e não em outro não representa, em hipótese alguma, uma oscilação dos mecanismos sociais que autorizam uma determinada criação artificial de sentido. Como pôde ser visto anteriormente, a fidedignidade em relação a tais mecanismos não é rompida. Mudam os elementos descritos, elogiados ou criticados, mas não mudam os recursos e as estratégias de avaliação e de expressão. E não há coincidência entre o sentido, socialmente determinado, e a ação individual: esta só pode lhe ser expressiva.

O Morumbi Fashion é a segunda etapa para aqueles que querem fazer carreira no mercado de moda brasileiro como estilistas. Para muitos, assim como foi para Herchcovitch, a primeira etapa é o Phytoervas Fashion. Ali, ele pôde projetar seu nome no mercado nacional de moda, adquirir reconhecimento e constituir uma determinada imagem. Acreditando, como era esperado, já que esta é a ideia que o senso comum faz do campo da moda, que a moda é uma estrutura dotada de centro e de que ele agora estava situado dentro desse centro, quis crer que tudo poderia ser creditado à sua marca "pessoal" e a repetiu até a exaustão:

> Kaufmann Impera no Último Dia do Phytoervas
>
> (...) Chifres – Já Alexandre Herchcovitch conferiu um ar macabro a sua coleção, repleta de estampas com morcegos e caveiras. Colocou chifres em seus manequins e pintou seus olhos com maquiagem vermelha.
>
> Ao som de boleros como *Besame Mucho* e músicas orquestradas de Glenn Miller e Ray Conniff, os modelos desfilaram roupas transparentes e vestidos em lã grossa com rabo de peixe. As novidades ficaram por conta de peças misturando calça, na frente, e saia, na parte traseira. A plateia só se empolgou com a rápida performance da *drag queen* Márcia Pantera e com os dois modelos de noiva (...).
>
> Fonte: Jornal *Diário do Grande ABC*, 10.02.95.

Se a relação entre os indivíduos e os mecanismos sociais fosse mecânica simplesmente, nenhuma ação individual comportaria um componente de risco, de dúvida e de tensão. Até aqui, Erika Palomino e Lilian Pacce representaram muito bem o papel de porta-vozes de uma determinada criação artificial de sentido. Mas elas não podem, em nenhum momento, levadas pela estrita conveniência dos exemplos aqui colocados, serem confundidas com o próprio mecanismo social. Esse desfile citado anteriormente traz uma situação inesperada para quem queria encontrar nos atos de Alexandre a confirmação de sua visão da moda. Todos os elementos que Erika Palomino utiliza para elaborar seu discurso e que ela crê serem "transgressores" estavam lá: chifres, caveiras, morcegos, uma *drag queen*. Não encontrar o respaldo esperado, no entanto, representa uma retirada das possibilidades, que não são individualmente definidas, de ação dos envolvidos. Ao indivíduo cabe administrar as estratégias expressivas mais adequadas para partilharem uma determinada legitimidade, além de administrar sua possível aceitação ou recusa:

> Bofes de Kaufmann Conquistam o Público
> Coleção masculina do estilista instala o Já-Ganhou na última noite do Phytoervas e obscurece Herchcovitch
> Erika Palomino
>
> (...) Tal qual um desfile de escola de samba, depois do já-ganhou da passagem da escola anterior, ficou difícil para o excitado público atentar para a precisão e o requinte das roupas de Herchcovitch. Por ironia, sem as músicas que tanto assustam e em sua coleção mais séria e bem acabada.
>
> Menos com a preocupação de chocar do que de mostrar a valorização da costura e da construção, Herchcovitch avança no terreno de uma moda intelectual e coerente. Destaques para a evolução dos *corselets* e das calcinhas, para as calças saias, os camuflados tingidos, as formas. Enfim, uma coleção correta. Sem brilhos a mais na passarela, roupas para se conferir na mão. E melhor: usáveis.
>
> Fonte: Jornal *Folha de São Paulo*, 10.02.95.

Estética enquanto ato ou estética enquanto forma são sentidos socialmente determinados de relação com a moda. A ação individual pode falhar, mas os mecanismos sociais de criação artificial de sentido continuam ali. Quando a ação individual não encontra legitimidade em um, outros estão disponíveis para que seja possível buscar sua aceitação. Quando o ato estético de Herchcovitch não encontrou respaldo, e ciente de que sua análise direcionada para valorizá-lo também resultaria inútil, o recurso passou a ser frisar a forma. Não é por acaso, portanto, que um discurso de caráter estritamente formal passou a predominar no comentário de Erika, e o "transgressor" passou a ser descrito como "intelectual e coerente". A opção de Erika Palomino por esse discurso formal demonstra, além do mais, que estética enquanto ato e estética enquanto forma são descrições possíveis inscritas dentro de um mesmo espaço, direções possíveis que fazem parte de um mesmo conjunto de interesses.

Em todo esse percurso, o que se observa são ações que, individualmente, buscam sua legitimidade. Precisam, para que isso aconteça, serem sancionadas, serem, de alguma forma, legitimadas. Há um sentido impresso em cada uma delas, ou seja, a sinalização de um caminho, uma direção a ser seguida para tornar possível uma certa tomada de posição considerada legítima. Há, para isso, procedimentos expressivos que precisam ser adotados: definem-se quais atos, quais imagens, quais termos, quais análises são "melhores", ou seja, mais coerentes com o próprio sentido a ser expresso. Essa oscilação encerra um conflito social cujo palco é o indivíduo, assim como encerra a ilusão de que todos os atos são realizações individuais sem compromisso com os mecanismos sociais de criação artificial de sentido. No primeiro importante desfile de Herchcovitch, dentro do I Phytoervas Fashion, todos os elementos que Erika Palomino utiliza para formular sua "análise" já estavam presentes. De acordo com ela, ele:

> Tirou as formais cadeiras do galpão da Vila Olímpia onde realizaram os desfiles do evento e fez 800 pessoas se sentarem no chão. Colocou as modelos de sombra azul escorrida, algodão nos ouvidos, esmalte branco mal-pintado, pés sujos, redinhas nos cabelos e chifres de metal, criando estranhos unicórnios e diabos.

E mostrou:

> (...) caveiras, inscrições com a palavra "death" (morte, em inglês), elementos de lingeries como rendas, alcinhas de sutiã, ligas e calcinhas, tinta vermelha manchando feito menstruação.
>
> <div align="right">Fonte: Jornal <i>Folha de S.Paulo</i>, 25.02.94.</div>

São sempre os mesmos procedimentos expressivos que encontramos em sua narrativa, e não importa para o senso comum que sejam sempre os mesmos. Importa que, a cada momento, renovam-se as oportunidades para que se busquem evidências que confirmem uma posição adotada, um sentido socialmente expresso. Supor que os recursos expressivos utilizados possam ser, de alguma forma, evidências de uma "verdade indubitável", como se a notícia tal qual veiculada pudesse ser um decalque da realidade, torna-se, diante disso, uma armadilha, recusando a evidência de que é tão somente a oportunidade de uma tomada de posição. Não importa que os procedimentos expressivos utilizados sejam sempre os mesmos ou que suas variações sejam mínimas. Na prática, afastar-se de estratégias expressivas predefinidas e previamente autorizadas socialmente pode representar o risco de uma perda de "identidade". É apenas esse o sentido expresso no comentário de Erika Palomino:

> Surpreendeu no uso inteligente e sem repetição de símbolos que se tornaram sua marca registrada (...). Coisas do passado. Agora vê-se que ele é muito mais do que isso.
>
> Fonte: Jornal *Folha de S.Paulo*, idem.

As trajetórias desses estilistas, as interpretações dos comentaristas profissionais, as oscilações nas formas de avaliação e nos procedimentos expressivos nos permitem depreender parte dos mecanismos sociais envolvidos na constituição de um campo da moda. A preocupação de Herchcovitch em ser aceito em função de seus atos estéticos pode ser tomada como expressiva de um determinado momento do campo da criação consagrada de moda: ainda não plenamente consolidado, ainda não tendo definido critérios mais sólidos e estáveis para a criação e avaliação de moda. Contudo, a persistência das formas de avaliação das comentadoras profissionais de moda indica que estética enquanto ato e estética enquanto forma não podem ser tomadas tão somente como expressivas de "momentos do campo". Tratam-se de cobranças que, embora internas a esse campo consagrado da criação de moda, não se restringem a ele. Elas surgem na forma, mais propriamente, de forças sociais, das quais as comentadoras profissionais são retransmissoras, que agem diretamente na consolidação desse campo consagrado da criação. Outro detalhe importante: a oscilação das formas de avaliação que pode ser observada nos comentários profissionais, ao longo do tempo, indica que não se aplica, a esses sentidos sociais expressos, qualquer forma de determinismo social. Assim como não podemos, caso queiramos entender como se estrutura o campo da moda, tomar o campo da criação na sua forma consagrada e supor que ele, por si próprio, é que pode ser tomado como o próprio campo da moda em todo o seu conjunto e complexidade. Ao fazermos isso, nossa atenção é desviada dos mecanismos sociais envolvidos na sua constituição para a capacidade individual desses estilistas de responder a esses mesmos mecanismos, o que leva à suposição, largamente aceita, de que a moda é uma estrutura dotada de centro e de que tudo o mais lhe é derivado ou uma forma de imitação. Contudo, tanto as oscilações que podem ser observadas nos comentários profissionais quanto as variações nas estratégias expressivas dos estilistas em sua constante busca por reconhecimento social indicam que a moda envolve experiências sociais que não podem ser reduzidas a um determinismo metodológico e nem a uma forma de imitação social. Cabe, agora, a indagação: que experiências sociais são essas e que sentidos elas imprimem ao campo da moda propriamente dito?

O CAMPO DA MODA

1
DIREITO DE PERTENÇA

O espaço da criação é aparentemente ocupado, além dos estilistas, apenas por produtores de moda, cabeleireiros, maquiadores, iluminadores, manequins, diretores de cena etc. Ou seja, aqueles ligados diretamente ao grande evento, ao desfile de moda. É claro que todos esses profissionais ali estão para "colaborar" com aquele que todos creem ser o "centro do acontecimento": o estilista. Outros profissionais estão presentes, como jornalistas e fotógrafos, mas com a evidente intenção de registrar a "notícia". Para que o estilista possa estar ali, porém, é necessário que determinados requisitos sejam atendidos, é necessário que a ele seja concedido o direito de entrada próprio ao campo da criação. Tal concessão não advém, contudo, do exclusivo e natural talento individual do criador. Como já foi visto, as ações individuais precisam ser socialmente sancionadas para que possam ser aceitas. Obter o direito de entrada no campo da criação, portanto, significa obter as sanções necessárias para que a presença do criador ali possa ser reconhecida como legítima.

Tais sanções estão presentes não apenas na atividade de criação, mas em tudo aquilo que de alguma forma interliga aqueles que estão próximos àquilo que se crê ser o centro da moda. Estão expressas na forma de expectativas: de comportamento, de gostos, de juízos de valor, de espaços sociais a serem preenchidos e na escolha de quais indivíduos podem ou não ocupar tais espaços. Estão expressas também nas imagens que tais indivíduos fazem de si mesmos e das demais pessoas, na postura que se deve assumir perante a sociedade. O direito de entrada consiste, basicamente, em dar as provas necessárias de que aquele espaço está sendo ocupado pela pessoa certa. Compreendê-lo, com isso, significa compreender a dinâmica própria dos valores sociais em jogo e como tais valores imprimem um sentido às ações individuais, indicando os caminhos necessários para que elas possam contar com uma determinada aprovação. Significa compreender que se está diante de um tipo particular de racionalidade que atribui valores específicos para tais indivíduos e suas ações, capaz de dotar a vida de cada um deles de significado.

Há um direito de pertença em jogo, a um espaço e a um circuito sociais, assim como formas possíveis de expressar tal pertença. O direito de entrada concedido ao criador é, diante das possibilidades inscritas a esse espaço e circuito sociais, apenas uma dentre as demais, sendo que cada uma possui um *status* próprio[1]. Significa, evidentemente, que tal espaço apresenta divisões que oferecem uma sanção maior ou menor às ações individuais, dependendo do direito de pertença específico – ou do *status* – em jogo. O objetivo aqui não é propriamente a caracterização de tais divisões, mas mostrar como, independentemente das divisões existentes, há um sentido que as interliga e opõe aos demais sentidos – e demais racionalidades, portanto – próprios ao campo da moda. Ou seja, há uma racionalidade

---

1 O termo *"status"* está sendo empregado aqui de acordo com o significado a ele atribuído por Hartley e Hartley (1965), como posição dentro de um dado *sistema hierarquizado* ou *sistema de status*. É importante ressaltar que posição social não pode aqui ser reduzida a, ou confundida com, classe social, apesar de haver uma clara associação entre ambas. Posição social aqui é uma referência à situação de um determinado grupo de *status* dentro da estrutura social. O que diferencia as classes dos grupos de *status* é a opção por acentuar os aspectos econômicos ou os simbólicos na composição de sua identidade frente a outras classes ou outros grupos de *status*. Para uma análise mais apurada dos conceitos, ver Bourdieu (1974).

específica que origina as ações, regulamenta as atribuições específicas dos indivíduos e define suas formas de expressão, apreciação e criação. Tratam-se, além do mais, de indivíduos que creem ocupar uma posição central. Têm, com isso, uma concepção particular de si próprios e daqueles que os rodeiam que é essencialmente hierarquizada. Têm também interesses diretamente relacionados à legitimação de tal ordem hierárquica.

Aprender Moda

A Faculdade Santa Marcelina, em São Paulo, realiza, ao final de cada semestre, desfiles onde os melhores alunos do curso de Moda mostram suas criações. Cada turma apresenta aquilo que acredita ser as tendências de moda para o ano seguinte, divididas em três temas. Entre os temas apresentados em junho de 1996, figurava um que tratava da "essência da feminilidade". E entre os trabalhos estava o de uma jovem estilista *underground* chamada Thais Losso, mostrando roupas inspiradas na "essência feminina da Cicciolina". A questão que Thais se propunha a responder e, em função dessa resposta, criar, era: qual a essência feminina da Cicciolina? Já na escolha do tema pode-se observar uma de suas características como estilista: inspirações e motivos inusitados, como a pornochanchada brasileira, por exemplo, imprimem sua marca pessoal. Coerente com essa postura, ela escolheu uma famosa atriz pornô internacional para mostrar sua concepção de "feminilidade". No entanto, só fui capaz de entender seu desfile um dia após sua apresentação, quando pude ir a sua casa, onde ela me mostrou as peças de roupa e a maneira como cada uma delas havia sido desenvolvida.

Seu trabalho de criação consistiu, num primeiro momento, em fazer uma pesquisa sobre o tema e o motivo escolhido[2]: a Cicciolina.

---

2 Esse não foi o único tema por ela desenvolvido. Como já foi dito, cada turma tem três temas para serem explorados.

Thais mostrou-me um álbum de fotos da atriz que serviu-lhe de inspiração. Desse álbum, fez o recorte de alguns motivos que, segundo ela, expressavam a feminilidade da atriz: as flores e a transparência (Fig. 1). A foto do canto inferior esquerdo pertence ao álbum, já a foto do centro é uma montagem sua: aqueles girassóis não estavam presentes na água. Outros detalhes são recortados e incluídos na imagem a partir da ideia e motivo originais, como é o caso das flores nos cantos superior e inferior direitos.

O próximo passo foi compor uma série de conjuntos que fizessem referência direta à ideia original sobre a Cicciolina – a feminilidade da atriz – e a um possível cotidiano seu. A questão passou a ser outra: como seria a casa[3] da Cicciolina? Que cores essa casa teria? A nudez da atriz remeteu a estilista à nudez das crianças: tratou-se de apagar a nudez dos filmes, escandalosa, e substituí-la por uma nudez privativa, não escandalosa, restrita ao espaço da casa (Fig.2). Dentro desse espaço foram escolhidos cores e motivos infantis: rosa e azul-bebês e ursinhos de pelúcia. Thais mostrou-me também outros recortes, outras composições e que faziam referência a uma possível casa da Cicciolina: uma geladeira cheia de enfeites grudados e o que seria a sua "cortina de banheiro".

A partir dessas composições, o trabalho de criação passa para o material a ser usado na confecção das roupas: o tecido. A escolha dos tecidos e dos motivos, tais como bordados, neles presentes expressam aquela ideia original sobre a Cicciolina: flores e transparência (Fig. 3). Além disso, outros motivos são escolhidos para expressar – ou estabelecer uma identificação com – o que seria sua casa: cores e motivos infantis (Fig.4).

---

3 A Faculdade de Moda Santa Marcelina prepara seus alunos para atuar em todos os segmentos considerados de moda ou a ela diretamente relacionados, como estamparia, tecidos, roupas, acessórios, fotografia, decoração e joalheria. Isso faz com que seu curso seja o mais caro diante dos demais oferecidos – Universidade Anhembi Morumbi, Unip – e com que apenas membros dos grupos mais privilegiados possam cursá-lo.

A EXPERIÊNCIA DO *STATUS* 73

Enquanto Thais me explicava tudo isso, eu pude ter uma noção melhor sobre o que é o processo criativo. O primeiro detalhe, que mais chamou a atenção da estilista, além da inspiração inusitada, uma atriz pornô, foram as flores. Mais especificamente, a foto onde a Cicciolina está num campo de girassóis (Fig.1, canto inferior esquerdo). Eu olho então para a sala da Thais e vejo um vaso enorme com flores, muitas flores, enormes, e percebo que a flor é transformada em um *objeto de investimento*: a Cicciolina é *investida* de flores nos demais recortes. Por exemplo: os girassóis colados à atriz na água (Fig.1, centro). Quando ela me mostrou o que seria a geladeira da Cicciolina, eu me perguntei porque uma geladeira tão cheia de enfeites. Fácil perceber: essa é a geladeira dela, da Thais. Com a cortina a mesma coisa: seu quarto tem uma cortina daquelas. A pergunta a que Thais se propunha a responder era como seria a "essência da feminilidade da Cicciolina", mas o que ela fez foi, em cada um dos passos da criação, fazer-lhe uma série de investimentos, de forma que ao final não encontramos a "essência feminina da Cicciolina", mas uma Cicciolina investida de toda a feminilidade da Thais.

Observa-se como é tênue a linha que divide aquilo que poderíamos chamar de atividade externa, a moda, de uma atividade interna, a arrumação de sua casa, os significados particulares de sua vida impressos naquele espaço. Essa linha é tênue exatamente porque não há uma indissociação muito rígida entre as duas atividades. Em ambas vemos a mesma Thais. A diferença óbvia é que ela pode se expressar por meio da moda ou da decoração de sua casa seguindo regras que lhes são específicas. Não é essa obviedade que interessa aqui, mas o quanto é tênue a fronteira entre as duas atividades.

A identidade da estilista faz-se amealhando elementos, traços distintivos para serem enfatizados, assim como outros para serem recusados, e o conjunto desses traços é o que a caracteriza como criadora. Não por acaso o termo conjunto é uma das chaves para a compreensão desse processo. Há uma noção de conjunto que orienta sua ação, e aqui não se está fazendo referência à informação redundante de que os elementos utilizados na composição de uma imagem – da

Thais, àquele momento, era a estilista responsável pela grife Cavalera e apresentava regularmente seus trabalhos na Semana de Moda. Esta foto foi feita momentos antes do desfile que ocorreu em julho de 2000.

Cicciolina – resultam, por si só, em um dado conjunto ordenado. Não é isso, embora esse seja um detalhe importante. Há um sentido que direciona sua atividade criadora, há uma seleção dos elementos que estão a sua volta, e que compõem seu mundo, e que passam agora a compor a imagem que ela faz da Cicciolina. Fossem quais fossem os motivos a serem utilizados como "inspiração", fossem quais fossem os traços impressos a sua criação, por meio dela algo se torna acessível. E não se trata, tampouco, da certeza óbvia da criação e de que se é um criador. Ao investir a Cicciolina de sua própria feminilidade, Thais investe seus atos da *certeza* de *sua* feminilidade. Mas não só isso.

Seja como for, o dado relevante aqui é que um sentido orienta sua ação para a reedição de uma certa noção de conjunto, diluída no espaço que a rodeia. Ela é a referência básica, e sua aplicação, tal qual vista aqui, faz com que assuma o papel, em determinado momento, de elemento ordenador de mundo. Não é, portanto, a feminilidade da Thais, única e exclusivamente, que encontra uma forma de confirmação: ela investe seus atos da certeza de uma determinada concepção de mundo, na qual sua própria feminilidade está inscrita. A possibilidade de tal noção de conjunto ser utilizada como elemento ordenador do mundo permite que ela seja, através de sua reedição na forma de criação, confirmada.

Há, evidentemente, uma explicação para tal que pode ser buscada no seu processo de profissionalização e, portanto, na sua faculdade, a Santa Marcelina[4]. O trabalho de formação de profissionais para a área de moda pauta-se na concepção que sua coordenadora, Vera Lígia Pieruccini Gibert, fazia tanto da área em si quanto do tipo ideal de profissional que nela deveria ingressar[5].

(...) Abomino a ideia de formação nesta área com a rigidez de uma "linha de montagem" humana.

---

4 A mesma faculdade que formou Alexandre Herchcovitch e outros estilistas que ocupam posição de destaque no campo.
5 A professora Vera Lígia era também, àquele momento, consultora do MEC no assunto referente à abertura e ao reconhecimento de outras Faculdades de Moda no país.

A escola, o curso que preconizo é o que visa a educação do olhar, que enfatiza o indivíduo enquanto ser que se impregna do "entorno" e como resposta se expressa, cria e se impõe (Gibert, 1993, p. 235).

Thais, assim como os demais alunos que por ali passaram e ainda passam, são educados para "impor" seu olhar. Não se trata da imposição arbitrária que pode ser exercida por uma certa autoridade. O termo "impor" aqui tem outro significado, que só pode ser compreendido dentro desse contexto específico e na relação entre essas pessoas e os demais grupos sociais. Não é tal imposição que, por si só, garante o direito de entrada no campo da criação, não é ela que por si só confere a relevância específica que a área quer encontrar. Há regras a serem seguidas para a atividade criativa. Também não deixa de ser interessante o fato de que a defesa de uma "humanidade" – diversa de algo que é recusado e que é chamado de "linha de montagem" – de alguma forma confere força – e qualidade – a isso que foi nomeado como "educação do olhar". O que chama a atenção, e é esse o ponto que mais interessa aqui, é que tal expressão criativa precisa, para impor-se, para ser considerada uma "humanidade" melhor, utilizar o mundo a sua volta como "acessório":

> É por isso que, ao invés de exigir dele [do aluno] ampla bagagem, precisa-se, à guisa de um ciclo básico, num "tour de force" estimulá-lo a criar as condições favoráveis para inúmeras e diversificadas *experiências culturais*, buscando inclusive através da complementaridade entre os próprios alunos, fazer com que todos se beneficiem. Nesse sentido, percebo ser necessário recorrer às diversas ciências humanas, no intuito de melhor possibilitar a construção de conhecimento a respeito de si mesmos e do meio sociocultural que os envolve, estimular o contato direto com o povo, tanto nas ruas como nos locais onde ele se ajunta (boates, casas de espetáculo, shows de música, por ex.), encorajar "expedições" a lojas de variados tipos (finas, grandes magazines, boutiques, feiras populares, brechós), galerias, teatros, museus, fábricas, e até estações etc., e mesmo o contato com os *"mass media"* de que dispomos hoje em dia (idem, p.235).

A atividade criadora de Thais, assim como dos demais estudantes, precisa ser orientada de forma a promover uma seleção dentre todos os elementos que estão a sua volta, e que compõem seu mundo, para serem investidos em suas criações. Isso, por um lado, faz com que os temas abordados, por si próprios, tornem-se irrelevantes. Eles perdem seu significado original, nada mais sendo senão pretextos. Por incrível que possa parecer, não há pretensão racista em erigir a Ku Klux Klan como tema de moda[6], e não poderia haver, uma vez que seu significado original é paulatinamente apagado para que outro possa emergir. E assim é com todos os demais temas abordados: a favela, os pagodeiros, os lugares onde o "povo (...) se ajunta" etc. "Impor", aqui, significa colocar-se supostamente acima de julgamentos morais. Não é fortuita a ligação dos criadores com a arte. Estabelecer uma ligação com a arte significa estabelecer uma ligação com uma atividade que deve estar livre de restrições morais.

E faz, por outro lado, com que a relevância específica da criação situe-se nessa linha tênue que divide a moda da existência particular de cada um. Temas, ou tratamento de temas, que agridem essa indissociação, que agridem o espaço social ocupado por tais pessoas, deixam de ter relevância a partir do momento em que privam tais pessoas do significado da própria posição que elas pretendem para si próprias e para a atividade que desenvolvem. As "ciências humanas", dentro desse quadro, evidentemente não cumprem papel de produção de "conhecimento" ou de algo próximo a isso, seu significado e sua relevância específica resumem-se ao exercício de um papel equiparável ao de "guia turístico de luxo", capaz de guiar as pessoas

---

6 Todo final de ano a Faculdade Santa Marcelina faz uma apresentação para a imprensa dos melhores trabalhos realizados durante aquele período. Ao final de 1996, um dos trabalhos que pude ver, apresentado em cartelas de cores e tecidos, foi inspirado exatamente na Ku Klux Klan. Cabe ressaltar que, naquele ano, a Ku Klux Klan não figurou nos noticiários dos jornais. Uma matéria, no entanto, foi publicada em junho numa revista direcionada para um público mais culto e "seleto", a *Marie Claire*.

entre os diversos grupos sociais como se não representassem mais que diferentes e atrativas "coleções simbólicas". Isso, associado à crença de que a biografia é um trajeto que se fez e que se faz, contribui para fortalecer a convicção de senso comum de que a "fabricação de experiências individuais" constitui atitude digna de uma personalidade[7], além de fornecer os critérios para a compreensão de como, especificamente, deve ser essa personalidade criativa.

A relevância específica da criação, onde está? Um sentido está traçado para a ação: a direção adotada é aquela que permite uma reedição, sob a forma que for, de uma determinada noção de conjunto. É esse sentido, capaz de oferecer os modelos para a classificação e a atribuição de valores e de gostos, que permite a seleção de traços expressivos para, por um lado, serem enfatizados e, por outro, serem recusados. Ledo engano supor que tal noção possa ser reduzida à simples expressão de uma casa. Algo se torna acessível, e não se trata, evidentemente, da possibilidade de exibir de maneira festiva alguns utensílios domésticos. A relevância específica da criação está, em primeiro lugar, na possibilidade de a atividade criadora asseverar uma determinada noção de conjunto e, em segundo, na renovação das possibilidades de expressar tal noção. Ou, mais especificamente, na possibilidade de afirmar uma determinada ordem de mundo, de que tal noção de conjunto é representativa e cujo valor só pode ser compreendido quando seu papel de referência, ou de modelo, pode ser designado. E é exatamente isso que se torna acessível: a possibilidade de que uma determinada ordem de mundo se torne, com todas as implicações que isto possa ter, confirmada.

O que se pode ver, além disso, em função da postura que o "criador" deve assumir diante das coisas e pessoas a seu redor, é que essa ordem de mundo consiste, basicamente, no exercício de uma ordem de privilégios: expressa "qualidades melhores", saberes cultos, experiências dignas de uma personalidade, e recusa designações que

---

7 Cf. Weber (1972).

estabeleçam uma proximidade com aquilo que se conhece como "popular" ou com aquilo que ameace a posição de privilégio ocupada. Levando-se em conta única e exclusivamente os cursos de moda[8], o resultado prático que eles alcançam – embora esse não seja o objetivo da Profa. Vera Lígia e nem dos demais educadores, independentemente de qual faculdade se esteja falando – é que os alunos são "educados" para confirmar, por meio da reedição e da imposição de seu olhar – ou, mais especificamente, da imposição de um sentido – uma distância social cuja prerrogativa consiste no bom exercício de uma ordem de privilégios. Podem olhar as pessoas de cima, torná-las acessórios de seus caprichos criativos e por elas confirmar, já que só eles têm a personalidade, a virtude espiritual e os meios necessários para isso, sua autoridade e sua legitimidade para a atividade criadora.

Tal afirmação poderia, evidentemente, ser feita a respeito de qualquer atividade artística. Pode, por isso, parecer redundante. Mas a arte não pode ser tomada como um instrumento generalizado de expressão e afirmação pessoal. É um instrumento particular de expressão e de afirmação, independentemente do "acesso" ou não a ela, que assume significado dentro de uma racionalidade específica. Como poderá ser visto nos próximos capítulos, a arte, quando requisitada por uma racionalidade distinta da discutida aqui, assume significados e formas de expressão totalmente diferentes.

Vitrines

Tal noção de conjunto, designada como modelo de referência, pode ser encontrada do começo ao fim do processo, desde a elaboração à venda final. Não é, contudo, o mesmo conjunto, nem o mesmo

---

8 O que não é o caso aqui, já que o que se pretende é uma noção geral das diversas forças em ação na determinação da forma que o campo da moda assume.

modelo, que se encontra, mas sim um sentido, que faz com que a cada passo um determinado conjunto possa ser encontrado como sua referência direta. As grifes de renome, nacional ou internacional, dispõem seus produtos em, basicamente, dois tipos de pontos de vendas característicos: em shopping centers ou concentrados em pontos considerados "nobres". Nos shopping centers podem ser encontradas grifes de renome nacional, tais como a Cori, Zoomp, M. Officer, Forum, Ellus, Viva Vida etc., e mesmo algumas de renome internacional. São marcas que tradicionalmente apresentam seus produtos em catálogos de moda ou, no caso de algumas delas, em desfiles que ocorrem dentro de eventos fechados aos quais só se pode assistir mediante um convite. Nesses shopping centers, os produtos, as grifes e suas formas tradicionais de apresentação estão diluídos de forma homogênea: são sempre semelhantes onde quer que exista um shopping center, tem sempre a mesma imagem, decoração, disposição de produtos nas vitrines etc. São, a um só tempo, para seus frequentadores, centros de consumo e de ostentação desse consumo. Não deixa de haver, entretanto, uma especificidade nessa forma de ostentação. Tratam-se de locais, por excelência, onde colisões sociais acontecem, já que ali transitam grupos diversos cuja mediação se faz única e exclusivamente pelos usos possíveis, e ali apresentados, de bens de consumo, em particular de roupas. Toda aproximação entre indivíduos e grupos, assim como as separações entre eles, acontece de acordo com uma classificação e uma hierarquização derivadas desses usos possíveis e ostentados de bens. Isso faz com que esses shopping centers assumam a característica de um enorme *show room* da classe média: de seus membros e de pretendentes a ela. É o local onde se estabelece o contato com um modelo de qualidade de vida consagrada. A maior parte das pessoas que transita pelos shopping centers não carrega sacolas de compras, o que demonstra que o trânsito ocorrido ali é, até certo ponto, prioritário. É onde se torna possível, para diversos grupos que têm o passeio no shopping center como uma de suas rotinas de "lazer", dar publicamente provas de suas qualidades específicas, que consistem em seguir adequadamente os modelos de qualidade expostos naquelas vitrines, traduzidas pela qualidade dos bens, essencialmente roupas, que cada um deles exibe ali.

A disposição de produtos nas vitrines de tais pontos de vendas (shopping centers e lojas localizadas em áreas "nobres") traz como característica principal o fato de que nelas tais produtos estão dispostos de maneira a comporem conjuntos. Em geral, uma peça vem acompanhada de outra, ou seja, uma calça tende quase sempre a vir acompanhada de uma camisa, uma camiseta vem acompanhada de um short etc. Dependendo da oferta de produtos da loja, algumas vezes aquela mesma calça virá acompanhada de sapatos, cinto, meias e blusa. A peça de roupa é parte integrante de um conjunto maior, sendo que a imagem veiculada pela vitrine nunca é a da peça por si só, mas do conjunto. Esse sim é o produto comercializado pela loja. Aliado a isso, a decoração também acentua essa ideia: a roupa é parte de um todo maior ainda, caracterizado por um ambiente que pode ser identificado não só pela decoração, mas muitas vezes também pela música de fundo do estabelecimento. Esse conjunto maior é convencionalmente denominado estilo. Esta é a primeira vez que o termo estilo aparece no texto. Seu uso será recorrente, mas reparem que, em outros momentos, ele aparecerá com um significado diferente. Tal diferença de significados é particularmente representativa da dinâmica própria ao campo da moda. Aqui ele está sendo usado especificamente como sinônimo de estilo de vida, cuja ênfase está na indissociação entre um indivíduo e uma dada posição na estrutura social. Cada uma dessas lojas comercializa, portanto, não só peças de roupa de uma marca específica, mas símbolos de um determinado estilo. A vitrine fornece, com isso, não apenas modelos de roupas, mas um modelo para a aquisição, um suporte para que o consumo possa ser feito, mostra, para que seja possível expressar uma identificação com o estilo vendido por aquela vitrine, como as roupas devem ser combinadas, que acessórios de decoração devem ser privilegiados etc. Outra característica importante é que cada uma dessas lojas é identificada não só por seu estilo, mas pelo comércio exclusivo de *uma única marca*.

No caso de São Paulo há, além dos diversos shopping centers encontrados na cidade, uma maior concentração de grifes de renome – não apenas de roupas, lá estão também as principais importadoras, seja de carros, seja de produtos para mercearia – na área conhecida como os Jardins[9]. As vitrines das lojas localizadas nessas áreas "nobres" recebem um tratamento ligeiramente diferente. Elas são menos exploradas, de forma a que o interior da loja fique visível para quem está passando pela frente. E por vezes *não há* vitrines, pois algumas das casas onde estão situados estes estabelecimentos comerciais não possuem algo que possa ser utilizado como tal, fazendo com que seu interior fique oculto a quem passa por fora. Da mesma maneira que a vitrine, o interior da loja segue o mesmo princípio: de expressar e de veicular como produto de venda símbolos de um determinado estilo. Quando não há vitrines, fica claro que ocorre uma filtragem do olhar que pode ou não alcançar o interior dessa loja, independentemente de este ser resultado de algum propósito claro e predefinido, ou não. E mesmo quando há uma vitrine e ela é pouco explorada, há a nítida intenção de visibilidade do interior da loja e de quem ali se encontra: ela exerce o papel de fronteira entre dois "ambientes", entre um público e um privado. Geralmente nenhuma das roupas exibe uma etiqueta (ou ao menos não algo que esteja tão visível quanto a própria roupa) com o seu preço, já que ele é secundário, o que se vende ali é um estilo. São estratégias que acabam por imprimir a imagem de um universo exclusivo e seleto. Tais lojas estão, supostamente, fora de uma estrutura de homogeneização, como os shopping centers, e atendem, ou ao menos pretendem atender, uma clientela que é visivelmente seleta, seja porque pode ser vista e reconhecida no interior da loja como tal, seja porque não pode ser vista, já que o olhar público passa por uma filtragem.

---

9 Para uma etnografia do varejo de luxo, ver Péretz (1992).

Na primeira imagem, uma loja vista de fora, através da vitrine, em um shopping center da cidade e, na outra, detalhe do interior de uma loja num bairro considerado "chique".

Tais detalhes não são de menor importância. Há uma oposição clara estabelecida entre tais lojas e aquelas que comercializam produtos para uma clientela que está longe de ser considerada "seleta". Diferentemente das lojas de grifes, há um comércio que ocupa um espaço diferente, diluído pelo centro da cidade de São Paulo. São as lojas "populares" que se espalham por áreas como o Brás ou as ruas Teodoro Sampaio e 25 de Março. A primeira diferença está nas vitrines: ali as peças de roupa não estão dispostas de forma a comporem conjuntos, salvo claras exceções de manequins ali colocados para "melhorar" seu aspecto. Elas estão, ao contrário, dispostas de forma aleatória. Além disso, em vez de as lojas comercializarem produtos de uma única marca, são encontradas peças de roupas das mais diversas marcas, fabricadas por pequenas confecções que se especializam na confecção de uma peça específica de roupa. Outro detalhe é que todas essas marcas são desconhecidas do público. Há também o comércio feito pelos *sacolões*, onde não há vitrines e os produtos são jogados sobre mesas ou bancadas próprias. Nessas mesas podem ser encontrados, indiscriminadamente, bermudões, calças moletons, blusas ou camisas. Para quem olha de fora, a única coisa que fica visível são as tabuletas sobre cada uma dessas mesas indicando o valor dos produtos. O fator de diferenciação não é, aparentemente, nem a marca e nem a própria roupa, mas sim o preço.

No comércio dirigido àquela clientela que recusa a designação de "popular" e pensa a si própria como "seleta" a roupa sempre é apresentada como parte integrante de um universo maior, isso que é convencionalmente denominado estilo. Independente do fato de quem compra essa ou aquela roupa ser, tanto quanto a roupa comprada, parte integrante do mesmo universo do qual ela é representativa, o fato é que é através desses símbolos (roupas, decoração, música etc.) que se tem acesso, real ou simplesmente pretendido, a ele. Tais universos existem apenas enquanto expressão e acentuação de determinados traços simbólicos. Se é por meio de símbolos que se lhes cobra uma "existência real", é também por símbolos que se chega até eles. A roupa é *um dos* traços expressivos desse conjunto maior de atribuições que ficou conhecido pelo nome de estilo. Roupa, decoração, música são possibilidades expressivas que permitem que o indivíduo seja inserido no interior de um conjunto de atribuições. Permitem também a demarcação de fronteiras, que a distância entre esse indivíduo e os demais grupos sociais fique, assim, sublinhada.

Esse mesmo sentido, que se traduz na ênfase à demarcação de uma distância social, encontra-se expresso nos editoriais de moda que, na maior parte das vezes, fazem uso das mesmas roupas e, quando publicados, podem ser encontrados dentro das mesmas lojas para a consulta de seus clientes. O trabalho de produção de moda para os editoriais das revistas consiste, em parte, em correr as diversas lojas procurando peças para serem fotografadas. Ao final de cada revista, ou mesmo ao final de cada matéria, podem ser encontrados os créditos: nomes e endereços das lojas que forneceram as roupas que aparecem nas matérias de moda. Servem como veículo de divulgação das lojas e fomento ao consumo de diversos produtos. É comum encontrar, também, nessas mesmas lojas, as revistas em que seus produtos figuram para que seus clientes possam não só consultar, mas certificar-se do valor simbólico daquela loja e de suas roupas. São exemplos como o citado a seguir, retirado da Revista *Nova*, versão brasileira da americana *Cosmopolitan*, que multiplicam-se pelas mais diversas revistas especializadas no gênero:

Dona do Mundo

(...) Com a autoridade de um casaco; a soberania de uma calça clássica; o poder de um vestido tubo; a potência de um *scarpin*; e o domínio de um *tailleur*, não haverá limites para suas conquistas [ao fundo do texto, foto de heliporto com um helicóptero à espera de uma mulher cuja única parte do corpo que se vê é o pé calçando um sapato de salto alto em verniz preto].

Fonte: Revista *Nova*, maio, ano 26, n° 5, 1998.

Embora a quantidade de editoriais seja inumerável e as revistas sejam muitas, tal como as fotos, os modelos e as peças de roupas apresentadas, ainda assim o sentido indica uma mesma direção de escolhas, de gostos e de juízos de valores, e fornece os modelos que servem de suporte para um consumo que tem como objeto frisar a distância social entre seu usuário ("melhor") e os demais. Tanto a distância social quanto uma certa noção de ordem cumprem os papéis, a um só tempo, de reguladores das condutas individuais e de uma dada hierarquia social. Não se trata, como pode parecer à primeira vista, *apenas* de um exercício de dominação entre grupos sociais. Reparem como é tênue a linha que separa essa noção de conjunto encontrada em atividades ordinárias e aparentemente banais, como a arrumação de uma casa ou de uma vitrine, e uma noção mais ampla, que expressa modelos de conduta a serem seguidos. Isso tem, evidentemente, um significado muito mais profundo e consequências muito mais abrangentes.

Propagandas

> Limpa mais... agrada mais... rende mais! (pasta de dente, *O Cruzeiro*, 1947).
> Não consinta que o cheiro de suor suplante o seu fascínio pessoal (sabonete, *O Cruzeiro*, 1954).
> O melhor perfume não disfarça... cheiro de suor! O odor que exala de suas axilas é tão ativo que pode anular toda a sedução que a envolve (desodorante Frígia, *Manchete*, 1954).
> A elegância é a razão principal... A economia é outra grande razão... Mas a comodidade também é importante! (Nylotex, *Manchete*, 1954).
> Um *soutien* assim diminui o seu encanto [desenho de moça usando soutien apertado e, em oposição, foto PB grande de moça de *soutien* e busto grandes] (*Manchete*, 1956).

Assim eram as propagandas das décadas de 1940 e 1950, elaboradas de forma a tentar ressaltar as "maravilhas" dos produtos ou mostrar os benefícios em usá-los. Há uma certa homogeneidade entre elas, sejam aquelas de produtos de higiene ou de beleza, sejam aquelas de roupas: ou os produtos representavam uma economia, de tempo ou de dinheiro, ou assumiam um papel corretivo, de saúde ou estético. De lá para cá os profissionais da área de propaganda[10] vêm desistindo de tentar convencer o público consumidor com frases do tipo "rende mais". Atualmente, as empresas investem ideias em seus produtos: o "rende mais" é substituído por um casal de namorados e o *slogan* agora é "fale de perto com Close-up"; aquilo que "o melhor perfume não disfarça... cheiro de suor" é substituído por "a primeira impressão é a que fica"; o *soutien* que aumenta "o seu encanto"

---

10 Os profissionais a que se faz referência aqui são aqueles que trabalham especificamente com a publicidade de moda ou de áreas a ela diretamente relacionadas, como o caso dos produtos de beleza ou dos produtos de higiene que "se tornaram produtos de beleza" em função de sua propaganda. Vale lembrar que a instituição de um saber técnico sobre a propaganda teve início no Brasil nos primeiros anos da década de 1950 com a abertura do primeiro curso de nível superior para a área.

é substituído por "todo homem gosta de um colo"; e o cheiro de suor que suplanta o fascínio pessoal se torna uma "sensível diferença". É todo um processo de investimentos por que passam os produtos: eles são investidos de forma a serem transformados, imprimindo-lhes um caráter que originalmente não tinham, mas que passam a ter em função da propaganda que os torna assim[11]. Mas, obviamente, a coisa não é tão simples quanto pode parecer aqui.

Os produtos desenvolvidos pela indústria de moda daquela época veiculavam propagandas com o claro objetivo de tentar provar o valor mágico de que eram portadores[12], e algumas marcas fazem isso

---

11 As próprias empresas passam por um processo de criação de uma identidade visual e de trabalho: não só pelo estabelecimento de cores e de um *logo* que as representem, com a finalidade de facilitar sua identificação, mas também pelo estabelecimento de um *trabalho personalizado* da empresa frente às demais, aquilo que é atualmente chamado em marketing de *diferencial* e que toda empresa "moderna" precisa ter caso queira ser considerada como tal.

12 Enquanto na década de 1950, no Brasil, as propagandas de roupas e demais acessórios ligados à moda estavam mais centradas no produto, um outro tipo de publicidade girava em torno de um produto não relacionado à área de moda, mas que dela sempre fez uso: o cigarro. A imagem veiculada, tal qual as propagandas atuais, era de que o produto representava atributo de um grupo privilegiado:
Definem uma personalidade – completam um ambiente (cigarros Colúmbia, *Manchete*, 1955).
Cigarros Luís XV – o requinte de ontem para uma elite de hoje [combina dois desenhos coloridos, de um cortesão atirando uma rosa numa sacada para uma cortesã e de um homem segurando a mão de uma moça de biquíni à beira de uma piscina] (*Manchete*, 1956).
... e o cigarro é COLÚMBIA [o texto vem sob a foto colorida de uma mulher "elegante" fumando encostada a um Jaguar] (*Manchete*, 1957).
Padrão que teve continuidades na década de 1960, tais como a do exemplo a seguir:
Rio de Janeiro... O espetacular caminho aéreo do Pão de Açúcar. Roteiro emocionante, admirado por visitantes de todas as partes do mundo. Que também apreciam Minister... [Seguido do slogan:] um cigarro de agrado internacional [foto colorida de casal jovem e, por trás, o Pão de Açúcar e um bondinho] (Revista *Veja*, 1968).
É explícito o esforço em tentar fazer do cigarro símbolo de um grupo privilegiado. Chama a atenção também o uso do termo "personalidade" igualmente como atributo de um grupo privilegiado. Não significa, obviamente, que ele

ainda hoje. Tal "prova" podia vir expressa na forma de exemplos a um só tempo de sua durabilidade ou de sua versatilidade:

> Para os seus agradáveis momentos de folga e alegria / no campo... na praia... nos esportes... no carnaval! (camisas masculinas Epsom e McBill, *Manchete*, 1957).
> Para suas férias / para seu carnaval / para *sports* / enfim, para os melhores dias de sua vida / Short-Calça (calça masculina Saragossy, *Manchete*, 1957).

Não é única e exclusivamente uma diferença entre linguagens ou entre estratégias de convencimento do consumidor que se observa entre essas propagandas e as atualmente desenvolvidas. A indústria de moda desenvolve hoje, com ênfase muito maior que na década de 1950, roupas específicas para cada uma dessas ocasiões, ou, utilizando um termo de uso mais corrente, para cada um desses ambientes. Esse contraste não é casual, e se tal ocorre hoje é porque cada um desses produtos atende interesses específicos de uma sociedade que atribui, e tem muito bem delimitadas, as fronteiras entre todos esses diversos "ambientes". Diferentemente da propaganda da década de 1950, que enfatizava a qualidade do produto dizendo que aquele era o produto ideal para as mais diversas situações, a propaganda de moda atual está preocupada em dar evidências de que este é o produto certo para uma situação e um ambiente específicos. Isso não significa, em hipótese alguma, a inexistência, na década de 1950 ou antes, de ambientes diferenciados e da obrigatoriedade de um determinado tipo de conduta adequado a cada um desses ambientes. Havia uma diferenciação, estipulada já de longa data, para a qual era atribuída o termo "gênero": tratava-se de designar roupas específicas para os lazeres da classe alta, como montaria, passeios no campo ou na praia, encontros sociais etc. O que se pretende frisar aqui é a

---

nunca tenha sido utilizado antes em qualquer propaganda que fosse. Tal uso é, atualmente, recorrente das designações feitas aos estilistas ou a seus consumidores e das matérias de moda que pretendem para si próprias o rótulo de cultas ou de detentoras de um saber mais privilegiado que os demais.

multiplicidade de fronteiras que foram demarcadas com o passar dos anos e que se disseminaram para outros grupos sociais, não mais exclusivamente referidas à classe alta[13].

A roupa é identificada, com isso, como emblemática de um dado conjunto de atribuições, de um dado universo social onde podem ser identificados ambientes, estilos de vida, gostos específicos, juízos de valores etc. O que varia entre as diversas marcas e suas respectivas propagandas é justamente isso: o conjunto de atribuições ao qual o produto é inserido para ser reconhecido como parte indissociável sua. Ainda que as roupas variem – e elas variam, já que ocorrem ao menos dois lançamentos por ano, primavera/verão e outono/inverno –, os conjuntos de atribuições permanecem quase que invariáveis. Ou, para usar um termo mais apropriado à área, os estilos quase não variam. Isso fica muito evidente, por exemplo, quando se comparam os diferentes momentos da publicidade de uma determinada marca.

Como é o caso da grife Cori[14], por exemplo. O produto principal que pode ser visto em seus catálogos não é a roupa em si, mas a possibilidade que ela tem de simbolizar a pertença a um certo universo social, a em certo conjunto de atribuições ou a um estilo. Nas imagens de seus catálogos, as mesmas que circulam pelas mais diversas revistas na forma de anúncios, podem ser vistas mulheres elegante e sobriamente trajadas em ambientes de trabalho (ou que façam referência direta a ele ou a uma estética "urbana") ou em espaços domésticos marcados pela mesma sobriedade. O que está em jogo é a possibilidade tanto do produto representar um determinado tipo de vida quanto da mulher que o usa ser reconhecida como representante desse mesmo tipo específico de vida. Nisso reside seu valor distintivo. Os termos para definir tal estilo podem variar de momento a momento, mas estão como as próprias roupas ou as fotografias, sempre dentro de um leque restrito de opções: clássico e sofisticado, sóbrio

---

13 Para uma visão mais ampla e uma melhor compreensão do processo de refinamento das etiquetas e de sua disseminação à sociedade, consulte Elias (1993).
14 Todas as grifes citadas aqui pertencem àquela categoria de marcas que se espalham pelos diversos shopping centers.

e funcional, chique e moderno, e assim por diante. Independentemente dos termos utilizados, a referência, essa sim é invariável, sempre é um padrão de vida que se marca pelo conforto proporcionado por uma determinada posição social privilegiada ou pela sobriedade de uma dada posição funcional, seja de autoridade, seja por sua proximidade a ela. Funções diretamente relacionadas com cargos de autoridade ou com o atendimento ao público, em algumas empresas, exigem um padrão de roupa próximo a esse, "sóbrio" e "profissional", para que, com isso, se passe a imagem, aos demais, de que a empresa e seus dirigentes são igualmente sóbrios, sérios e profissionais.

De forma semelhante é a propaganda da grife Zoomp: o principal produto veiculado é a possibilidade da roupa ser emblemática de um dado conjunto de atribuições. O que muda é o fato de que tal conjunto possa ser, como é no caso de diversas grifes, uma referência artístico-temática. Em 1996, a Zoomp veiculou uma série de anúncios em revistas e *outdoors* onde o que estava em jogo era mais a linguagem visual utilizada e menos as roupas. Num desses anúncios, no mês em que ocorre o dia dos namorados, não havia sequer um produto no anúncio. Nele viam-se duas lesmas, de frente e enlaçando-se, e um texto acompanhando: "me ame devagarinho". Todos esses anúncios mostravam uma inspiração, guardadas as devidas proporções, "surrealista". Supostamente está-se diante de uma postura marcada por uma concepção de mundo onde a "arte" situa-se num pano de fundo ao qual a roupa está incorporada. Na prática, essa roupa e sua propaganda são investidas da arte para que possam expressar alguma forma de identificação com ela. Mais especificamente: são assim investidas para transformá-las em símbolos de um grupo de pessoas que possa ser reconhecido pela designação de proximidade com a arte ou com suas regras de apreciação, pela "qualidade" do valor distintivo que tal proximidade confere aos indivíduos. O que se vê, portanto, não é simplesmente o anúncio de uma roupa ou de um *outdoor* de inspiração "artística", mas símbolos de um determinado estilo que fazem referência direta à criação da grife, assim como da propaganda, e àqueles a ela relacionados. Tal designação de proximidade só pode ser anunciada ou simulada por esses símbolos. Ao investir a roupa de arte fica imediatamente definida qual a "qualidade" que está sendo simulada. Fica imediatamente definido, também, em que consiste seu valor distintivo, que é justamente simular a possibilidade de ser reconhecido como parte de um conjunto de atribuições em que a arte cumpre papel expressivo, a "qualidade" conferida à criação da grife e da propaganda, que consiste na proximidade com regras de apreciação propriamente artísticas[15]. Não por acaso o *slogan* da Zoomp em 1996 era "uns não, uns Zoomp". Da mesma maneira que o estilo, a arte é um termo que também apresenta uma gama considerável de usos, sendo requisitada, em diversas situações, como testemunho de uma "qualidade" (outro termo que se repete em excesso) maior e de caráter indubitável. Tal caráter, de testemunho de qualidade, independe da forma pela qual a arte é utilizada, esteja ela no pano de fundo do *outdoor* da Zoomp, esteja ela compondo o "ambiente", como adorno de parede, no anúncio da Cori. Sem dúvida, as variações no uso da arte expressam variações entre aspirações estéticas. Contudo, apesar de diferentes, tais aspirações estéticas têm em comum essa designação de proximidade com a arte e com o prestígio que ela representa.

Já outras propagandas exploram *gestos* ou *situações*. Nelas, aparentemente, não se observa nenhuma conotação claramente social, supostamente referindo-se a traços individuais de personalidade. Há diferenças de caráter técnico que precisam ser consideradas. Nos catálogos da Cori, são feitas fotos de rua ou de locações (locais alugados por um prazo determinado para que ali as fotos possam ser feitas). Fazer a foto em uma locação ou não é decisão do produtor de moda da grife, tomada ou não em conjunto com o fotógrafo. Há também a opção de que as fotos sejam feitas em estúdio. Nessas, a modelo

---

15 Essa postura não é exclusiva dos dias atuais. Já em 1926 era comentada, mas condenada, a postura adotada por diversos redatores de anúncios que tentavam, mais que vender, parecerem artistas e obterem "aplausos". Veja Hopkins (1993).

torna-se, forçosamente, o centro da imagem. Tudo isso não passaria de um mero detalhe técnico se, na definição de qual modelo devesse aparecer usando aquelas roupas, não houvesse nenhum indício de que há um sentido indicando qual direção essa escolha deva tomar. Se, por um lado, na propaganda da Cori fica claro de qual ambiente social aquela roupa deve ser considerada como parcela indissociável, por outro, nas demais propagandas, os indícios para a definição da identificação social pretendida ficam diluídos. Tais propagandas acionam informações e critérios de valor e julgamento que não se encontram nos conjuntos compostos pelas fotos (modelos e um ambiente social nitidamente marcados), mas fora deles. Exatamente, o que isso quer dizer?

Anúncios das grifes Triton, Zoomp (em anos diferentes àquele citado) e Forum, em que os modelos podem ser vistos como centro absoluto da imagem, têm diluídos os indícios para a definição da identificação social pretendida. A primeira das grifes está claramente direcionada a um público adolescente, enquanto as demais estão direcionadas a um público adulto, mas jovem. As fotos da Zoomp e da Forum, embora não sejam muitas vezes realizadas em nenhuma locação, têm já previamente definidos os grupos e ambientes sociais dos quais tais roupas podem ser consideradas como parte integrante. Há uma fronteira muito bem definida entre tais grupos e ambientes, e como a referência principal é a noção de conjunto que ali está expressa, o reconhecimento da roupa como parte indissociável sua, e por isso mesmo reconhecível, é, de certo modo, automático. Mas a roupa não é, evidentemente, o único elemento utilizado para o reconhecimento de seu grupo de referência: cabelos, tom de pele, tipo físico e postura do corpo também são considerados. Tais modelos (dificilmente são encontrados – o que, obviamente, não pode ser atribuído ao "acaso" – modelos negros nos catálogos das grifes que compõem o ambiente dos shopping centers) devem ser entendidos no seu significado mais estrito: como modelos a serem seguidos. O conjunto dos detalhes físicos – cabelo, olhos, boca, tom da pele, postura do corpo etc. – precisa expressar exatamente aquilo que é: uma clara noção de conjunto para a composição de uma dada identidade. São, portanto, modelos de composição de uma identidade. Além disso, há uma gama considerável de traços expressivos que se encontram fora dos traços físicos e que complementam os vínculos possíveis com determinados grupos e ambientes sociais.

É apenas em função desses demais traços que se torna possível o "reconhecimento" de anúncios, por exemplo, da Triton, sem aparentemente nenhuma conotação social, apenas amorosa. Obviamente, todo adolescente quer identificar-se com a conquista e a situação amorosa, temas centrais dos anúncios da grife, só que a identificação não para aí. As fotos da Triton, em seu conjunto[16], exibem adolescentes gozando a vida, e o detalhe está em que o uso de tais roupas é, na prática, *uma* dessas possibilidades de gozo. A identificação, com isso, pode ser tão somente pretendida para alguns, aqueles que gostariam que o consumo pudesse ser uma atividade diletante, mas para outros ela é real, e o reconhecimento de todos os traços expressivos de tais conjuntos de referências permite que não haja dúvidas ou confusões.

Ou seja, há um mecanismo de reconhecimento e de classificação – um sentido – que permite que os indivíduos sejam identificados como pretendentes ou não, participantes ou não de um determinado grupo ou ambiente social. O fato desse acesso, cuja simulação é possível por seus símbolos, ser real ou tão somente pretendido não modifica em nada as regras que definem tais conjuntos e, com isso, tais grupos. Ao contrário, a cada vez que tais conjuntos e grupos são requisitados como referências para a avaliação e a classificação dos gostos e dos indivíduos, ou a cada vez que eles são apresentados como modelos para a aquisição de produtos, sua designação de importância é reafirmada. Assim como é reafirmada também a distância existente entre todos eles. É isso que faz com que o *slogan* da Zoomp, "uns não, uns Zoomp", tenha como significado algo mais que apenas uma tentativa de imprimir um diferencial à marca. Ele se baseia na

---

16 Obviamente, nunca é apenas uma foto que é utilizada para a divulgação de uma determinada coleção.

evidência bastante clara de que a identificação entre os grupos pode ser real para alguns ou tão somente pretendida para outros, e também na evidência de que o anúncio ou a simulação de tal pertença só pode ser feita por seus símbolos tomados em conjunto.

Regras de Consagração

É exatamente esse mesmo sentido que se observa no campo da criação. Por um lado, ele compreende a possibilidade de asseverar uma determinada noção de conjunto, expressiva de uma determinada ordem de mundo, e, por outro, a possibilidade de renovar seus procedimentos expressivos, ou seja, renovar os símbolos distintivos de uma dada posição na estrutura social. É nessa direção que segue a construção da identidade das marcas de renome, observada pela seleção de alguns traços expressivos para serem enfatizados e da recusa de outros. Não apenas elementos visuais, como eram aqueles que a Thais tinha a sua disposição, fazem parte de tal construção. Ao designar-se um determinado conjunto como referência para a criação, seja ele qual for, mas com a condição de que possa ser definido como um conjunto de atribuições e desempenhar o papel de referência esperado, outros traços expressivos são incorporados de maneira a dar-lhe mais força e, mesmo, uma forma mais definida. Exemplo claro disso, e do sentido visto até o momento, pode ser observado em uma das grifes de renome nacional, como a M. Officer[17]. Parte da relevância específica da criação de moda deve-se à diferença nítida que pode

---

17 A escolha da M. Officer em detrimento de outras tantas grifes se fez levando em conta que os investimentos por ela feitos acionam estratégias que outras não acionam de forma tão explícita. Isso tem feito com que o espaço dedicado à "notícia" de seu desfile tenha sido maior que o dedicado a outros. Como se verá, pouco mais adiante, a prova de que uma marca possui "qualidade" é dada, via de regra, por um conjunto de estratégias comuns, sendo que parte considerável desse conjunto consiste na forma como estão estruturados os eventos para que ali circulem certas personalidades e informações de um tipo específico.

ser observada entre o grau de investimentos expressivos feitos por uma grife de renome, como é a M. Officer, e uma então estudante de moda, como já o foi a Thais, e que está diretamente relacionado, por um lado, à posição de importância ocupada por ambos e, por outro, ao capital disponível que torna alguns investimentos possíveis e outros não. Evidentemente que quanto maior é o capital disponível e a importância desempenhada no campo, mais cresce em escala o conjunto de investimentos e de referências e mais completo será o trabalho final. Além do que, o Morumbi Fashion, evento do qual participa a M. Officer, foi criado exatamente para consagrar grifes e estilistas que já gozam de um certo renome no mercado. Mas mesmo o Morumbi Fashion não é a única via possível de consagração e, tampouco, o ápice. Ele representa, evidentemente, *um* ápice, mas não o único possível. Aqui o mercado externo não está sendo levado em conta, apenas o interno. Há, além disso, uma série de estilistas que ali não figuram, mas que gozam de um certo renome com uma produção reconhecida como *underground* e que tem, no Mercado Mundo Mix, realizado uma vez por mês em São Paulo, sua principal via de consagração. Não está também sendo considerada a possibilidade de que as marcas ligadas ao grande varejo venham a aglutinar tal produção *underground*. Essa é, na prática, uma possibilidade com poucas chances de realização, uma vez que há sentidos que não podem ser aglutinados: as marcas de varejo atendem a interesses específicos e diferentes dos atendidos pela produção *underground*.

Nas suas últimas coleções, a M. Officer tem tentado associar o nome da marca a uma concepção de arte. Mais uma vez, portanto, a "arte" está presente. A cada vez, ela se apresenta com uma forma diferente, sinal de que, por um lado, está-se diante de um termo requisitado por muitos e sob os mais diversos pretextos e, por outro, que sua oscilação indica a disputa por uma legitimidade a ela atrelada de alguma forma. Indica também a recusa de adjetivos que desqualificam a moda (como fútil, efêmero, alienado etc.) e a clara tentativa de atribuir-lhe um caráter melhor, centrado no culto à personalidade do criador e à recusa de qualquer postura que não a de conivência a esse culto. Parte importante desse esforço em aproximar a moda da arte, de uma maneira geral, está expressa na classificação que se faz dos diversos estilistas e de suas criações com termos usualmente empregados pelo campo artístico: clássico, barroco, vanguarda, *underground* etc. Um dos últimos catálogos da M. Officer veio, como ilustração disso, acompanhado do título *Moda e Arte*, e seus desfiles têm contado com a participação de profissionais diretamente ligados ao campo artístico. O desfile de julho de 1997, realizado no Morumbi Fashion, contou com a participação do artista plástico Tunga. Além da apresentação habitual das roupas, pôde-se assistir a uma "intervenção" do artista preparada especialmente para o evento. Tal intervenção era complementar ao desfile e consistia no seguinte: sobre a passarela havia algumas redes penduradas e, no seu interior, de acordo com a descrição que pode ser encontrada no catálogo da grife, "um monte de ossos" e "muitos outros apetrechos: assadeira, molheira, cantil, copo, leiteira e rolo de papel, tudo em alumínio; e ainda um rádio e dois vidrinhos de laboratório, com líquidos luciferinos, nas cores azul e verde".

Antes de ter início o desfile, cinco modelos entraram no escuro, segurando um lampião cada, e colocaram-se abaixo das redes. Elas então desataram os nós que prendiam as redes ao teto, desceram-nas e espalharam todos aqueles apetrechos na passarela. Alguns nós eram mais difíceis de desatar, então algumas modelos demoraram mais que outras para realizar toda essa operação. Nos camarins, onde podia-se acompanhar tudo por um canal de circuito fechado, instaurou-se um clima de nervosismo, já que uma delas não estava conseguindo desatar o nó de sua rede, enquanto todas as demais já haviam terminado quase todo o processo. Tive a impressão de que essa mesma modelo inverteu a ordem das coisas e despiu-se antes da hora, mas pode ter sido apenas uma "impressão", sugerida pela demora em desatar o nó da rede e pelo clima de apreensão instaurado. Finalmente, ela conseguiu e então a "intervenção" pôde prosseguir. Elas cobriram a si e aos lampiões com o tecido transparente que estavam usando e só posteriormente, após o início do desfile, elas se descobriram. O papel alumínio, um dos objetos da rede, serviu, mais tarde, para que elas pudessem enrolar suas pernas e assumir a forma de sereias. Meses depois, quando o catálogo com a coleção apresentada nesse desfile pôde finalmente ser encontrado nas lojas[18], podia-se ler a seguinte descrição do evento:

> (...) Mas exatamente nesse instante supremo de parada para a glória, um primeiro estranhamento quase imperceptível insinua-se em seus corpos: a luz que as ilumina nesta posição não vem dos flashes dos fotógrafos, mas dos lampiões que elas mesmas aproximam do rosto. (...) Algo nelas já não dependerá da luz que vem do desejo do outro. Elas começam a conquistar a própria luz.
> (...) Com gestualidades próprias, elas colocam o lampião no chão e afrouxam a corda do tirante para baixar as redes (...). Despem o tecido que envolvem seu corpo, cobrem a cabeça e o transformam em véu. Será noiva, vestal ou outra figura que estará se engendrando? Em seguida, elas se agacham, sentam-se na passarela ao lado da rede e abrem os braços, envolvendo o lampião, posto agora diante de seu ventre. (...) A transmutação se completa: arma-se diante de nós uma tenda de pitonisa, com fogo de vestal ou bola de cristal iluminada, um oráculo. (...) mas a pitonisa, agora em palco brasileiro, muda de atributo e se torna Virgem Maria Iemanjá, a qual, como se sabe, emana sua própria luz. Uma daquelas aparições de Nossa Senhora ou Santas tropicais que acendem e apagam, cujos milagres convocam multidões (...).

Por algum motivo a descrição fidedigna do evento precisa ser recusada. E esse motivo não é, evidentemente, encobrir "falhas" e exagerar "acertos" para que se crie uma imagem "sem máculas" da grife. Não é isso que está em jogo, tanto para a M. Officer quanto para qualquer outra marca. O que se observa, e é isto que está em

---

18 Os desfiles acontecem seis meses antes da chegada das roupas às lojas. Já a divulgação dos catálogos e das propagandas é feita acompanhando a chegada dos produtos ao varejo.

jogo, é um esforço por inserir a marca, ou fornecer indícios de que ela está inserida, em um conjunto de atribuições que possa ser reconhecido por regras de apreciação específicas da arte. Embora o tema "arte" repita-se em diversas situações, as ligações estabelecidas com ele, entretanto, não se repetem da mesma forma. Alexandre Herchcovitch, por exemplo, realizou um esforço de inserir-se no campo propriamente artístico tentando conferir a suas criações o crivo de arte. A M. Officer, diferentemente, tenta inserir-se no campo artístico através da simulação de uma convivência incorporando artistas e "intervenções" a seus desfiles. Parte do valor distintivo de cada uma dessas grifes está exatamente na estratégia utilizada por elas para, de alguma forma, tentar simular sua "pertença ao" – ou sua "proximidade com o" – campo propriamente artístico. Independentemente de qual concepção de arte esteja em jogo, para que uma determinada grife, ou um determinado estilista, possa integrar o universo "caracterizado pela arte", há um conjunto de expectativas que precisam ser observadas. É a observação adequada ou não de tais expectativas que fornece os indícios necessários para "provar" que são compartilhados os mesmos valores, o mesmo espaço, os mesmos modelos de ação e de gosto. Não é fortuito que sejam incorporadas ao evento personalidades ligadas ao campo da arte e que se abra espaço para que elas possam realizar uma "intervenção" dedicada exclusivamente ao desfile. Não é fortuito que o texto do catálogo faça referência a um "estranhamento quase imperceptível". O que é "quase imperceptível" são as regras de apreciação específicas, daquilo que está sendo narrado, e que permitem uma apropriação "sem máculas" da intervenção. É essa apreciação, portanto, e não a grife em si, que precisa mostrar-se a todos sem máculas. Não é fortuito também que se busque, na descrição do evento, um "discurso artístico", em que nada é exatamente aquilo que parece ser: para que sua apreciação possa ser feita "sem máculas", acaba por tornar-se necessária a inclusão de uma "explicação". É em nome dessa apreciação adequada que o texto explica que a luz dos lampiões deve-se a que "algo nelas já não dependerá da luz que vem do desejo do outro", porque "elas começam a conquistar a própria luz", que quando cobrem a si e ao lampião com o tecido transparente elas são uma "tenda de pitonisa, com fogo de vestal ou bola de cristal iluminado". Obviamente, a relevância disso não está em saber se a "tenda de pitonisa, com fogo de vestal ou bola de cristal iluminado" é isso mesmo, ou se é um "oráculo", ou se é uma "Virgem Maria Iemanjá", ou uma "Nossa Senhora", ou se são "Santas Tropicais". A relevância de tal descrição está no fato de que cada momento do desfile e, consequentemente, a descrição dele feita constituem diferentes oportunidades para fornecer indícios que certifiquem que sua compreensão só é possível segundo "critérios de apreciação propriamente artísticos". A "intervenção", por si só, não basta, é necessário mostrar de que forma ela pode e deve ser inserida no terreno da "arte", mostrar de que forma ela pode ou não ser interpretada.

Da mesma maneira que cada momento do desfile pode representar uma oportunidade para certificar que há uma ligação entre ele e um evento propriamente artístico, cada desfile é, igualmente, uma nova oportunidade para tal ligação. Ou, mais especificamente, uma nova oportunidade para certificar seu direito de pertença ao campo da criação. Para que a pertença ao campo seja indubitável é necessário que a cada oportunidade se confirme a grife como, ela própria, também um agente de produção artístico. É exatamente em função desse esforço que novos artistas e novas "intervenções" são incorporados aos desfiles, e que o catálogo *Moda e Arte* traz a seguinte apresentação:

> Ao convidar artistas para intervir no desfile de sua coleção, Carlos Miele [estilista da M. Officer] expressa um triplo desejo. Trazer a arte para fora de seu domínio especializado, na intenção de reativar sua função primordial: revelar o avesso das coisas, arrancando-as de sua pacata mesmice e tornando visível o movimento que as agita em direção ao novo. Ir além do imperativo das "tendências de moda", na intenção de reativar a função primordial da moda: traduzir no âmbito do corpo, a diversidade de mutações sensíveis de um coletivo, no tempo e no espaço. Multiplicar, no Brasil, as oportunidades de criação em diferentes

domínios – moda, artes plásticas, escrita, música, vídeo, fotografia etc. Oportunidades também de contaminação entre todos eles, na intenção de que cada um provoque e relance o movimento do outro.

Não está em jogo o fato de ser ou não "verdade" que uma oportunidade de criação provoca e relança outra. A grife só pode ter seu nome associado à produção artística se puder fornecer indícios de que é, de alguma forma, partícipe de tal produção, e não mera apreciadora, o que seria insuficiente para sua inclusão no campo. Os indícios – ou "provas" – de tal participação, de tal inserção, são feitos, no caso específico da M. Officer, de duas maneiras diferentes. Por um lado, pela necessidade de evidenciar um contato com outros artistas. Tal contato é, assim como todos os demais símbolos pelos quais se regula o acesso a um determinado grupo ou ambiente social – ou, mais especificamente, a uma determinada posição social –, um dos indícios que possibilitam conferir realidade a esse pretendido pertencimento. E, por outro lado, a simulação de uma identidade, do papel de centro da criação, como se suas ações determinassem as demais que ali pudessem estar envolvidas.

Há um sentido claramente expresso, uma racionalidade específica que origina as ações, regulamenta as atribuições específicas de valor dos indivíduos e define as formas de expressão, apreciação e criação[19]. A convicção de que se é o agente e o centro de uma estrutura de criação não é arbitrária e tampouco casual. É, sim, uma designação permitida, e esperada, por essa racionalidade que avalia suas próprias ações como determinante das demais e, portanto, identifica seus próprios agentes como o centro de uma estrutura. A "arte", tal qual vista aqui, nada mais é senão uma das estratégias expressivas que permitem uma justificativa convincente, porque aceita de forma geral pelo senso comum, para que se possa pensar a si próprio como parte do centro dessa estrutura. Não por acaso essa mesma

---

19 Cf. também o conceito de modelo de orientação valorativa de Parsons *et al.* (1965).

"arte" – e um saber legítimo sobre ela, que aparece na forma de comentários "cultos" que definem as regras pelas quais se pode "apreciar" o evento – é uma das referências mais utilizadas, seja por aqueles diretamente relacionados à criação, seja por aqueles que a consomem. O sentido das ações que se observa é, com isso, tão somente aquele que permite construir um universo mais "privilegiado" ao redor de todos os indivíduos envolvidos com a criação. Ou, mais precisamente, dar provas de que o universo ao qual cada um desses indivíduos está inserido é mais "privilegiado". Evidentemente, os privilégios variam, e com isso os qualificativos ou os adjetivos a eles referidos também. O itinerário adotado pela M. Officer é um dos caminhos possíveis, assim como os adotados por cada um dos vários estilistas que apresentam suas coleções no Morumbi Fashion. Há uma certa fluidez que caracteriza as regras para a consagração no campo da criação, mas ela não significa, em condição alguma, a inexistência de regras. O que se observa é que tais regras não se limitam à aplicação de um conhecimento prático acerca de modelagem, não é apenas isso que atribui a relevância específica da criação de moda. É também a possibilidade de uma determinada grife, ou de um determinado estilista, fornecer provas, certificar da forma mais adequada possível que sua criação não está alheia ao mundo, mas que faz parte de um determinado universo. Mais especificamente: de um universo de privilégios. Os diversos conteúdos (qualificativos) atribuídos a tais privilégios só podem ser definidos contextualmente, na relação entre os diversos estilistas em jogo e nas oposições que fazem uns perante os outros. Da mesma forma que as roupas mudam, os qualificativos atribuídos a elas e seus criadores também sofrem uma variação[20], mas a oposição[21] é fixa, as distinções que os diversos estilistas estabelecem entre si apresentam uma relativa continuidade.

---

20 Sempre dentro de um leque restrito de opções, como já foi dito anteriormente a respeito da grife Cori.
21 O que pode ser definido também como uma *diferenciação*.

Parte do mecanismo de inserção da marca a um universo de privilégios consiste em amealhar atributos que tenham como valor distintivo a possibilidade de simbolizar uma alta cultura[22], mostrar que a marca é dela integrante e parte indissociável sua. É preciso fazer circular no mesmo espaço todos aqueles indivíduos que gozam do mesmo "privilégio" de fazer parte de tal universo. A consequência é que ali circulam evidências, confirmações de que a indissociação pretendida não é casual ou tão somente simulada, mas que ela ocorre de fato. Nos eventos de moda circula, em função disso, toda uma sorte de indivíduos ligados ao poder ou ao prestígio. São empresários consagrados (da moda ou não), *socialites*, personagens do *show business* (em especial da música e da televisão) e artistas em geral (artistas plásticos, escultores, músicos etc.). Para registrar a "importância" de tais pessoas não faltam, evidentemente, fotógrafos, comentadores profissionais e colunistas sociais. Cada um colabora, a sua própria maneira, com a crença de que todos ali são o centro da notícia, o centro da estrutura. Ilusão fácil de se ter, uma vez que são eles que escrevem nos editoriais de moda e são eles que ali figuram.

Dar provas de que se é parte indissociável de um universo mais seleto significa também instituir um mecanismo de seleção da "notícia", que faz desses personagens e das qualidades que cada um deles acredita ter "a" notícia. É tal crença que abre espaço – dele se nutre ao mesmo tempo em que, com sua produção, nutre a existência de tal espaço – para o discurso da adulação profissional, próprio dos colunistas sociais, e que fomenta entre tais indivíduos a concorrência por essa adulação, a concorrência pela "certeza" de que se é o centro da notícia. Circula com isso a informação e, consequentemente, a certeza do milagre da personalidade de cada um desses personagens. E à distância social visível com todos aqueles que não estão próximos ao centro da notícia, outorga-se uma qualidade tida como uma superioridade "natural".

---

22 Cf. Bourdieu e Delsaut (op. cit.).

O ator Luiz Fernando Guimarães apresentando o Phytoervas Fashion Awards de 1998.

Acima, o colunista Amaury Júnior entrevista dona Gabriela Pascolato, proprietária da tecelagem Santa Constância, na sala VIP do mesmo evento. Abaixo, a atriz Marisa Orth nos bastidores, antes de entrar para fazer a sua parte da apresentação.

Estabelecer ligações com a arte, dar evidências de que o mundo ao redor é "naturalmente" privilegiado e de que se é parte indissociável desse mundo, dividir o mesmo espaço com outros que representam algum – ou igual – prestígio, estipular quais as regras para sua própria apreciação – de si mesmos e de suas atitudes –, cultivar a adulação profissional. Sejam quais forem as estratégias expressivas, todas têm um mesmo sentido: legitimar a distância perante todos aqueles que estão, por algum motivo, fora dos limites desse universo de privilégios. Significa regular a entrada de todos aqueles que correspondam a expectativas específicas de ações, gostos, amizades etc., regular as atribuições de prestígio e promover o distanciamento de todos aqueles que não correspondam a tais expectativas. Significa mostrar que aquele espaço não está sendo ocupado pela pessoa errada, mostrar que aquele indivíduo é parte indissociável de um mundo "naturalmente" mais privilegiado.

É bastante sintomático disso a hierarquia que pode ser observada na ordem de entrada de fotógrafos junto aos bastidores ou aos espaços *vips* dos eventos. Eu, geralmente, ocupava o último lugar da fila. Primeiro, era permitida a entrada dos jornalistas dos veículos de maior circulação, em especial os nacionais e os internacionais. Um certo tempo depois, permitia-se a entrada dos jornalistas de veículos de menor circulação. Certa vez, quando indagado sobre de qual veículo da imprensa eu era, respondi que não era de nenhum, que era pesquisador da USP. A resposta da pessoa responsável pela entrada de fotógrafos (como eu não me encaixava em nenhuma categoria específica de profissionais ligados ao evento, era me concedido um crachá de fotógrafo) foi clara: "Não tem nada aqui que interesse à USP". Fiquei, então, aguardando o momento final, quando as portas eram abertas e todos aqueles que não tinham importância alguma, como era o meu caso, podiam entrar. O que estava em jogo, com isso, era bastante claro. Era permitida a entrada daqueles que poderiam, no dia seguinte, ao elaborarem suas matérias sobre as pessoas que eram "notícia", conferir realidade à crença de que aquele era o centro irradiador de acontecimentos e, principalmente, de que aquele era um universo "privilegiado". Esse, evidentemente, não era o meu caso. Minha presença ali, portanto, só poderia ser vista com desdém ou como impertinência.

Descrições

O milagre da personalidade assume o aspecto de "informação" para além dos limites dos eventos de moda. Não além, contudo, dos limites do circuito social acionado e exibido por tais eventos. As revistas femininas publicam regularmente matérias descrevendo os "grupos da moda", cuja identificação e classificação baseiam-se em critérios suposta e exclusivamente estéticos e que levam em conta roupas, acessórios e cabelos. Mas não só. Hábitos de consumo, como viagens, restaurantes, livros etc., também são considerados. O "sucesso" e o reconhecimento profissionais daqueles que descrevem ou dos que são descritos também são indicadores importantes do – "natural" – prestígio dessas matérias – ou da "naturalidade" das informações ali colocadas. Vejamos um exemplo publicado pela revista *Vogue Brasil* em um encarte especial descrevendo aquilo que ela chamou de *3 Estilos Básicos de Mulher:*

> Moderna
> (Erika Palomino)
>
> Corre atrás das novidades. É descolada, bem-informada e não hesita em pesquisar, fuçar, para encontrar peças bacanas fora do circuito convencional. Nada de ostentações. O prazer é pagar barato e fazer sucesso.
>
> Tem uma forte ligação com tudo que é novo, recém-lançado. É a novidadeira por excelência. Não tem necessidade de ostentação. Em lugar de dinheiro como fator que garante o *status*, é seu descolamento e suas informações que conferem seu sucesso social. Aliás, *hype* mesmo é dizer que alguma coisa custou barato, quando alguém acha legal (uma roupa, um sapato, ou algum item de decoração – a Moderna também adora decoração). Adora moda e modismos, sem ser histérica ou necessa-

riamente *fashion victims* – apesar de que as *fashion victims* estão certamente incluídas nesta seção.

(...) a Moderna é a que circula em lugares em que não é conveniente exigir ostentação. A Moderna é adepta do chamado *hype* invisível, o uso de marcas que só iniciados conhecem.

Moderna que é Moderna prefere os brechós, lojas alternativas, Mercado Mundo Mix e afins do que uma volta pelos shoppings. E consome cultura: não perde os desfiles de moda, exposição ou qualquer estreia de teatro.

Clássica
(Constanza Pascolato)

Mais do que qualquer moda, ela segue um estilo, sem perder as referências contemporâneas, é claro. Valoriza a qualidade, investe na discrição, não perde a pose em qualquer situação. Sua arma poderosa é a ironia.

A mulher Clássica não é careta. Ela conhece e privilegia a qualidade e o atemporal. Mas a mulher de estilo, que por acaso é também Clássica, faz suas escolhas com os olhos cuidadosamente atentos a tudo o que é contemporâneo na moda (e na vida). Ela prefere os grandes clássicos reciclados. A camisa branca masculina, a calça cáqui, o suéter de *cashmere*, a bolsa de qualidade, o grande *tailleur* são lugares-comuns de seu guarda-roupa que, na verdade, nada tem de comum.

A vantagem do estilo clássico é nunca deixar a mulher na mão, o clássico é discreto (afinal, passa quase anônimo aos olhos menos avisados). O impacto do estilo clássico é vertical, e não horizontal, ou seja, muito superficial. O estilo clássico não é decorativo, nem é divertido, mas saber ser irônico com sutileza. E isso se consegue misturando entre si coisas inesperadas.

A mulher clássica não é de alarde. Um pouco esnobe, ela se distingue pela qualidade e durabilidade.

Ela é discreta. Absolutamente forte. Fiel ao extremo, aos seus amores, às suas marcas... Em sua rotina de beleza, seleciona poucos produtos, seletos lugares aonde ir, mas faz questão de excelência em qualidade. Questiona *performance*. Espera resultados, mesmo a longo prazo. Adepta do mínimo, não usa uniforme. Consegue ser livre para brincar com todas as formas, criar, ousar. Com apenas um toque inusitado, transforma-se em foco. Ponto de luz na escuridão.

Qualidade é o que ela procura. E acha. Não importa onde: Paris, Nova York, Milão. Seu charme está muito mais no estilo do que na surpreendente combinação de peças. Discreta, parece que a Clássica anda num pedestal. E pode ter certeza: não cairá jamais!

Exuberante
(Cristina Franco)

Passional, apaixonada, exuberante. Tem as suas convicções do que é bom e defende-as com as garras em alerta. Aliás, tem de ser o melhor. Pode ser o inusitado, o surpreendente – faz parte de sua estratégia. Afinal, ela é simplesmente exuberante!

Gente exuberante é quase expressão idiomática. Daquelas que só podem ser usadas por quem conhece bem a língua, senão muda todo o sentido, sentidos... Todos os sentidos da paixão. Até porque eu só acredito em exuberância com paixão. Tem coisa mais exuberante que *Carmen*, de Bizet? O psicanalista Joel Birman defende a tese de que ela é a grande figura feminina, quase um arquétipo do futuro. John Galliano anda mexendo com esses códigos de forma fascinante e apaixonada, até mesmo passional. Que bom, Cleópatra que o diga!

(...) Estou falando demais... Não tem nada mais exuberante que uma rosa vermelha, uma só, *somewhere, some how* sempre com a ideia *some how "qui manifeste ses sentiments par d'excessives dèmonstrations"*.

Ela é poderosa, uma mulher romântica, sedutora, que sabe usar todos os recursos para marcar presença. Rainha da beleza, permite-se excessos e não descuida de nenhum detalhe. Cuida da pele, do cabelo, do corpo, das emoções... Adora novidades, valoriza boas marcas e quer resultados – investe a longo prazo, mas quer ver e sentir os efeitos e as mudanças já!

Não importa o lugar aonde vá, a mulher exuberante sempre chama a atenção. As portas vão se abrindo sucessivamente para sua passagem. E para desempenhar melhor o seu papel, vai jantar sozinha num restaurante japonês, por exemplo, e faz questão de pedir o prato no próprio idioma, com desenvoltura.

Seus endereços são especiais. E ecléticos. A exuberante circula, com desenvoltura, pelos lugares mais sofisticados ou exóticos ou por aqueles que têm um certo charme. E sempre chamando a atenção: as portas se abrem sucessivamente para sua passagem.

Fonte: Revista *Vogue Brasil*, nº 234, 3 Estilos Básicos de Mulher, Suplemento Especial, maio, 1997.

As descrições acima cumprem o papel de fornecer um modelo ético e comportamental como suporte para o consumo e demonstrar, através do exercício de seu papel exemplar, como e quais instrumentos expressivos amealhar para que se possa confirmar, ou mesmo simular, a posição ocupada pelo indivíduo no mundo, uma posição que se caracteriza por uma atribuição excessiva de qualificativos que denotam o "prestígio" de cada um dos tipos ali descritos. Moderna, clássica ou exuberante, cada uma dessas mulheres só pode ser reconhecida como tal desde que esteja em concordância com um conjunto de expectativas a elas dirigidas. Há, com isso, "qualidades" que lhes são "próprias" e às quais devem, de alguma forma, corresponder: consumir cultura, parecer andar sobre um pedestal, ver as portas abrirem-se e crer que elas se abrem não porque os empregados de restaurantes, lojas, hotéis etc., tenham obrigação de abrir para quem quiser entrar, mas porque se é "exuberante". Há toda uma sorte de atributos que as caracterizam. A "excelência" da moderna, por exemplo, está em que no "lugar do dinheiro como fator que garante o *status*, é seu descolamento e suas informações que conferem seu sucesso social". Da clássica está no fato de que "em sua rotina de beleza" ela "valoriza a qualidade, investe na discrição [e] não perde a pose em qualquer situação", o que constitui, a seu ver, uma poderosa arma denominada "ironia". E da exuberante está em ser "passional, apaixonada" e "rainha da beleza".

Seja qual for a imagem construída, seja qual for a definição que se dê para tais mulheres, fica claro que todas expressam uma dada noção de conjunto, de qualidades, de atribuições e de estratégias expressivas, da qual são indissociáveis. Para falarem sobre si mesmas, a moderna, a clássica e a exuberante precisam falar dos traços característicos de sua posição social, ou, mais especificamente, do conjunto de atribuições característicos e permitidos a uma determinada situação social cuja prerrogativa é o gozo de determinados privilégios. Regulam-se, em função do papel modelar exercido por tais conjuntos de traços expressivos, as atribuições do prestígio "natural" de cada uma: só "iniciados" conhecem as marcas exibidas pela moderna, a clássica passa "quase anônima aos olhos menos avisados", e só a exuberante pode misturar inglês com francês e português em uma mesma frase, ou misturar Bizet com Joel Birman, John Galliano e Cleópatra, porque só ela conhece bem a língua, senão "muda todo o sentido". Mas não para aí. Há um circuito a ser seguido, espaços específicos que devem ser ocupados: a moderna é aquela que frequenta brechós, lojas alternativas, Mercado Mundo Mix, desfiles de moda, exposições, estreias de teatro e recusa para si uma identificação com os shopping centers; a clássica procura e encontra qualidade, não importa onde, mas seria desejável que Paris, Milão e Nova York fizessem parte das opções de busca; e a exuberante circula por endereços especiais, ecléticos, sofisticados, exóticos e que têm um certo charme, seja o que isso possa significar.

Parte da importância de tais descrições reside também no fato de que quem as faz são representantes "legítimas" e consagradas, mas não da mesma maneira, no mundo da moda[23]. A oportunidade que têm de descrever cada um desses estilos possibilita, a um só tempo, sua reconsagração como representantes legítimas de cada um deles e que o próprio texto adquira um certo prestígio derivado tanto da legitimidade quanto da autoridade atribuída a cada uma delas. Faz também com que o modelo exemplar que estão ali representando adquira uma caráter carismático, pois supostamente está referido à personalidade de cada uma, e não à posição por elas ocupada na estrutura social, para a qual o gozo de determinados privilégios é uma prerrogativa. A elas fica, como que por milagre, designada a autoridade para atribuir ou reconhecer o prestígio das demais que queiram ser identificadas como suas semelhantes: funda-se, portanto, uma

---

23 Erika Palomino era, naquele momento, jornalista da *Folha de São Paulo* e principal responsável pelos editoriais de moda do jornal; Constanza Pascolato é consultora de moda, proprietária de uma das mais importantes tecelagens brasileiras, a *Santa Constância*, e coordenadora de moda da revista *Vogue Brasil*; e Cristina Franco também é consultora de moda e, durante muitos anos, foi responsável por uma seção especializada em moda na televisão, o *Ponto de Vista*, do *Jornal Hoje*, na *Rede Globo*.

hierarquia que reconhece como legítima uma posição de destaque e sua consequente autoridade para distribuir ou não prestígio a outras mulheres. Há um consenso, referido a cada um dos três estilos descritos, baseado em determinados modelos de orientação valorativa, que originam os padrões e os limites que regulamentam as atribuições de prestígio ou de reconhecimento e abrem espaço para que o milagre da personalidade, baseado no cumprimento exemplar das expectativas de comportamento ali colocadas, seja possível.

Outros exemplos como esses podem ser encontrados nas demais revistas especializadas no assunto. Independentemente da variação no número de estilos citados, é sempre por esse mesmo mecanismo que se chega ao reconhecimento e à definição de cada uma das identidades que os compõem. Como na matéria a seguir, publicada pela revista *Marie Claire*, que da mesma forma integra hábitos de consumo – lojas preferidas, locais de lazer, além das roupas e acessórios – para descrever um certo estilo. Sua identificação se faz, mais uma vez, tendo como base diferenças estéticas, ou a elas diretamente relacionadas, e as "personalidades" das quais são derivadas. Aqui um novo traço social é requisitado como fator de referência e diferenciação, embora não em todos os "tipos" descritos, a situação ocupacional:

Vá Procurar sua Turma!

Quem disse que turma é coisa só de adolescente? Marie Claire decifrou sete grupos urbanos a partir do código da moda, radiografando seus valores e estilo de vida. Cada personagem pertence a um elenco.

O guarda-roupa revela tudo. Ou quase.

Designers

(...) A aparência despojada é essencial, assim como os toques de criatividade que os diferenciam dos outros mortais (...). Não são adeptos da moda, mas utilizam alguns elementos da estação sobre a base quase clássica (...) Desaprovam a ostentação, preferindo as liquidações das boas marcas (...) Especialistas no bom gosto, passam a quilômetros do *kitsch* e poderiam ser facilmente confundidos com um grupo tímido, não fossem as pequenas ousadias de cada um.

Originais

Elas experimentaram a liberdade dos anos 1970, o *punk* e a *new wave* dos 1980 e chegaram aos 1990 com humor inabalável. Pode-se dizer que as roupas dessas moças têm "caldo de cultura". Ou melhor, da contracultura. O verbo delas está mais para o "descolar" do que para o comprar. São ratas de brechós e lojas populares. Amam o kitsch, os acessórios étnicos e "bugigangas" em geral. Outra coisa que elas adoram é "interferir": cortar, pintar, subverter a função original das peças (...). São capazes de gastar muito em roupa, mas preferem não revelar quanto: o importante não é a peça ou a grife original, mas a interferência – afinal, definem-se como "camaleoas", refletindo na roupa um momento particular. Muitos amigos, histórias e viagens. Muito tudo. É a vida delas que é original. O guarda-roupa é só um reflexo.

Clubbers

Coturnos, tecidos sintéticos, *cyber toys* (brinquedos eletrônicos tipo armas futuristas), algumas roupas de brechó, cabelos coloridos e acessórios de metal são passaportes para o universo *clubber*. Nele, vivem personagens que buscam inspiração nos quadrinhos japoneses, nos velhos seriados de TV, no sadomasoquismo. Valem até as tatuagens com motivos tribais e os *piercings* (...). A Mulher-Gato é uma das musas, e o visual *cyberpunk* anuncia uma visão catastrófica do futuro. Consumistas, aprovam as criações dos estilistas *underground*. São lançadores de moda e adoram isso. Notívagos, *clubbers* costumam desaparecer com o nascer do sol.

Publicitários

(...) Não basta ser criativo: é preciso comunicar isso. A embalagem é a alma do negócio e um visual original é tão importante quanto uma boa ideia. Por isso o guarda-roupa é cheio de efeitos especiais, com gravatas irreverentes, meias com motivos infantis e cores inesperadas (...).

Poderosas

Mulher no superlativo: roupas justas, cores vivas, decotes, saias curtas, saltos altíssimos, perfume marcante, cabelos superpenteados, muita maquiagem e joias que não deixam dúvidas: elas têm poder (...). Elas dizem que só a maturidade traz a sabedoria necessária para dosar na medida certa classe e sedução (...). Gostosas, sim, elas atraem os olhares masculinos e sabem como tirar o melhor proveito desse poder. Escolhem os *tailleurs* das melhores grifes, mas os usam bem justinhos, curtos e decotados – sempre combinando com o sapato, a bolsa, as joias, o cabelo e a maquiagem. Vão ao cabeleireiro pelo menos uma vez por semana. Não são perdulárias, garantem, mas se gostam de uma peça de qualidade, pagam o que for preciso. Isso sim é poder.

Clássicas

Versatilidade é fundamental: elas saem cedo de casa para trabalhar e engatam direto na noite, sem tempo para trocas de roupas. Essas profissionais bem-sucedidas e informadas escolhem peças básicas – *jeans five pockets* de boa marca, camisa branca, camiseta, *blazer*, mocassim –, em tons neutros, deixando o toque de modernidade para os acessórios: uma bolsa de grife, um anel imponente, um relógio badalado. Viajantes, elas sabem exatamente o que querem e onde encontrar (...).

Povo da Moda

Primeira pista para identificá-los: preto dos pés à cabeça. Não são góticos. A diferença está na qualidade e no caimento impecável de todas as peças que vestem. Sua profissão lhes permite desenvolver um olho clínico quando o assunto é roupa: são produtores de moda (...). Tem o toque de Midas da transformação: em suas mãos, qualquer pessoa de carne e osso se transmuta em qualquer personagem – ou em si mesma, com o *look* mais adequado. Quem não os conhece, acha que são estranhos, metidos, fúteis (...).

Fonte: Revista *Marie Claire*, maio, 1996

Como é fácil perceber, pelas informações apresentadas pela matéria, não se trata de "gente comum", ou disso que é mencionado em certo momento, "gente de carne e osso". O critério de escolha de tais grupos, as características utilizadas para sua identificação, assim como o próprio texto que as descreve, são, em seu conjunto, recursos que expressam um mesmo sentido. Cada um deles é identificado como representante de um determinado estilo e, apesar de serem diferentes os estilos, todos denotam uma insistência em comum que está no uso de uma atribuição superlativa, na tradução e na ênfase de "padrões de excelência": são pessoas *muito* criativas, *muito* arrojadas, *muito* originais, com *muito* sucesso profissional, donos de *muito* poder, com *muita* cultura e *muito* bom gosto, *muita* experiência de vida, com *muitas* viagens e *muitas* coisas vistas para contar. Apresentam-se como individuais – inerentes a determinadas personalidades – qualidades que aí não figurariam se não fossem a expressão dos "superlativos" próprios a uma posição social cuja prerrogativa é o gozo de determinados privilégios, dos quais o "exercício do bom gosto" é apenas um dentre eles.

Distância Social

Seja a criação e a caracterização da roupa ou da grife, seja a caracterização dos indivíduos, está-se diante de uma racionalidade específica que se expressa através da possibilidade de que se ostentem os símbolos de uma alta cultura, símbolos que rodeiam e constroem um universo de privilégios ao redor do indivíduo. A roupa é tão somente um dos instrumentos utilizados para integrar esse indivíduo a um conjunto maior, para imprimir em quem a usa uma indissociação entre ele e um dado universo social. Ela torna-se traço distintivo de uma posição social privilegiada, a possibilidade de ser emblemática de um certo conjunto de atribuições ou de um estilo.

Tal interesse específico reside na designação de proximidade com "qualidades" de nível superior. Há, portanto, um sentido indicando qual direção as escolhas simbólicas devem tomar. Ao expressar os símbolos de tais conjuntos, reafirma-se sua designação de importância, reafirma-se que se tratam de modelos a serem seguidos. Renovar o guarda-roupa, transitar pelos shopping centers, circular por entre lojas de grifes famosas ou por lugares "cultos" e consagrados, independentemente de serem ou não locais de compra, são estratégias que permitem dar provas públicas de que se é parte indissociável de um suposto modelo de qualidade. As vitrines, as propagandas, os desfiles de moda, as colunas sociais e as descrições de "tipos" fornecem os modelos que servem de suporte para o consumo, para o comportamento, para os juízos de valor e para as expressões de gosto. Fornecem também modelos de expectativas de comportamento aos quais deve-se corresponder, os traços simbólicos que devem ser expressos e acentuados. Fornecem, portanto, os instrumentos simbólicos que asseguram e conferem a certeza de uma determinada concepção de mundo, na qual tais símbolos e conjuntos de atributos estão inscritos.

Parte da "qualidade" do consumidor, tanto quanto do criador, está na possibilidade – real, plausível – de "impor" a ordem de mundo onde tais traços simbólicos estão inscritos. Designa-se a expressão de tais símbolos como experiências dignas de uma personalidade e impõe-se tal "ordem simbólica" em detrimento de todos aqueles emblemas com os quais não pode haver nenhuma forma de identificação. São estratégias expressivas que permitem asseverar uma "natural" distância social: olha-se os demais grupos como desprovidos de tais "qualidades" e, quando muito, como pretextos para o exercício da distância social transmutada na forma de criações e comentários, na crença de que se é o centro de uma estrutura e de que se é alguém melhor, que anda como se estivesse sobre um pedestal ou que crê que a obrigação de abrir portas é derivada da "exuberância" de quem por ela passa.

Não importa qual a "qualidade humana" expressa, mas importa que "qualidades humanas" sejam expressas. É o que comentários esparsos e isolados também indicam, como este, por exemplo, sobre os vestidos produzidos pelos grandes estilistas internacionais:

> (...) a perfeição com que eles foram confeccionados os transformaram em verdadeiras obras de arte. É isso que admiro: a capacidade humana de produzir beleza.

E, na mesma matéria, ainda falando sobre "obras de arte", a mesma entrevistada diz:

Para mim, o brilho de uma boa pedra é indispensável, mesmo que eu esteja usando uma roupa básica, para ir ao cabeleireiro ou ao empório Santa Maria.

Fonte: Depoimento da apresentadora Hebe Camargo, Revista *Caras*, Edição Especial de Moda, n° 35, 1998.

Comentários como os acima podem ser encontrados em qualquer revista ou jornal, seja uma matéria específica de moda ou não, com a característica de sempre parecer expressar uma qualidade naturalmente superior. São oportunidades que consistem na reconsagração de uma "natural" alta qualidade e, ao mesmo tempo, na renovação dos votos da "natural" distância social. É tal crença que abre espaço, por exemplo, para que a filantropia possa servir de pretexto para a realização de eventos de moda, como é no Brasil desde a década de 1950, quando estilistas como Dior, Lanvin e Patou eram contratados para mostrarem suas roupas em desfiles beneficentes. Àquela época, o dinheiro arrecadado era direcionado para as obras assistenciais promovidas, diversas vezes, pelas muitas primeiras damas. Desfiles assim continuam sendo realizados, e em São Paulo eles acontecem com uma certa constância e regularidade. É quando se compreende essa crença na natural distância social que se compreende o significado de um convite, como o a seguir, do estilista Ludy Ferreira[24]:

---

24 O estilista Ludy Ferreira é considerado um dos mais importantes da alta costura da cidade de Campinas. Apesar de fora do circuito descrito reconhecido como o centro dos acontecimentos em moda, pode-se observar que são compartilhados valores e estratégias expressivas equivalentes às descritas até o momento. Não é inusitado que ele exiba, sobre a escrivaninha de seu ateliê, uma foto sua ao lado da apresentadora Xuxa. Obviamente, a pergunta que eu lhe fiz é a mesma que qualquer cliente sua em potencial faz, e a resposta também deve ser sempre a mesma:
– Você conhece a Xuxa?
– Eu já fiz três vestidos para ela.
Afinal de contas, a foto está lá exatamente para isso. Pode-se observar que há uma atribuição mútua de prestígio: o prestígio do estilista aumenta por criar roupas para pessoas famosas e para a alta sociedade da região; e, da mesma maneira, essa alta sociedade torna o estilista um instrumento atribuidor de prestígio ao fazer de suas roupas uma possibilidade de renovação dos símbolos da "alta qualidade" de sua posição social.

Vemos condensadas, em uma só frase, a experiência de reconsagração de uma "alta qualidade" e da distância social própria à posição ocupada pelo *slogan* que abre o convite para um desfile beneficente, cuja entrada foi um quilo de comida não perecível destinada às famílias carentes da cidade e que contou com a participação da televisão, da Orquestra Sinfônica da cidade e da soprano Vera Pessanho. Seja pensar-se generoso uma vez ao ano, seja dizer-se admirador da "capacidade humana de produzir beleza", seja andar com uma "obra de arte" pendurada no pescoço, seja qual for a estratégia utilizada, tem-se uma variedade de procedimentos expressivos que, tomados assim, na forma como nos são apresentados, isoladamente e em fragmentos, pouco ou nada poderiam dizer sobre a moda. Expressam, contudo, uma mesma racionalidade e encerram um mesmo sentido: fornecer indícios de que aquelas pessoas ou marcas são partes indissociáveis de tal ordem "privilegiada" de mundo.

Tal racionalidade consiste, por um lado, na expressão e renovação dos símbolos de uma ordem baseada na autoridade e na legitimidade da distância social, na designação do *status* próprio às posições de prestígio e destaque na estrutura social como, a um só tempo, sinônimos e modelos para essa ordem, compreendida como "melhor", pois assim são caracterizados os símbolos que a expressam. E, por outro, nas condições materiais necessárias para que se possa crer em tais símbolos: o controle dos meios de informação, da notícia e de quem pode ou não ser considerado notícia, a ausência de questionamentos do que tal controle representa diante da autodesignação de "modelo a ser seguido", a vigilância sobre as pessoas e a cobrança de que elas deem provas de que aquela posição social está sendo ocupada pela pessoa correta. Não é fortuito que os traços simbólicos expressos sejam aqueles ligados a uma "alta cultura", na qual a arte e suas regras específicas de criação e apreciação estão inscritas, e à crença de que se é o centro a partir do qual toda ordem – como conjunto de atribuições de "qualidades superiores" – emana. Nisso reside o milagre da personalidade de cada um desses personagens: estilistas, consumidores, comentadores profissionais etc. Ou seja, na expressão e no uso adequado de tais modelos simbólicos para que o sentido da "natural" distância social possa ser compreendido como legítimo e, por isso, renovado.

2
ÀS MARGENS

Como já foi dito anteriormente, há diferenças entre as diversas vitrines. Há aquelas que dispõem seus produtos sempre expressando uma ordem de conjunto, e há aquelas que os dispõem de forma aleatória. Tal diferença expressa também uma distinção entre grupos e classes sociais, sendo que as vitrines onde não se encontram conjuntos ou onde os preços é que devem ficar visíveis pertencem àquelas lojas conhecidas como "populares".

Interior de um sacolão.

A disposição aleatória de peças – ou seja, a ausência de uma disposição que siga uma ordem de conjunto – não significa, como pode parecer para muitos, ausência de lógica. Há, ao contrário, uma lógica específica sendo expressa. A organização do espaço – seja das vitrines, seja do interior das lojas – deve ser entendida como demonstrativa da tensão existente entre dois *sentidos*, dois modelos de orientação valorativa distintos. A explicação de senso comum para tais diferenças baseia-se numa racionalidade de caráter utilitário fundada nas diferenças de poder aquisitivo entre os grupos: o preço torna-se fator de preocupação e distinção quanto mais baixa é a posição na estrutura social. O baixo poder aquisitivo justifica um consumo parcial: uma vez que não é possível dispor de dinheiro suficiente para a compra de todas as peças de um conjunto, mas com a específica preocupação de que integram conjuntos determinados, a aquisição restringe-se a peças isoladas que têm como fator de escolha seu preço. Há, sem dúvida, um dado de realidade que serve de suporte para tal explicação, há diferenças de caráter econômico que imprimem condições específicas diante das quais as pessoas podem ou não orientar suas ações e estabelecer formas particulares de relação entre si nas quais o consumo, em geral, e de roupas, em particular, cumpre um papel de mediação.

Assim como há consequências específicas originadas por uma tal explicação de caráter utilitário. Legitima-se a crença em um suposto centro da estrutura qualificando o consumo das classes baixas como orbitando-o, através da ideia de que possa haver um consumo ideal, esperado, e toda forma de aquisição devendo ser entendida como tendo esse ideal como meta. Reforça isso a crença – complementar, mas não independente – de um consumo baseado na imitação. O milagre da personalidade é tido por muitos como uma qualidade intrínseca a uma determinada posição – de privilégio – na estrutura social. A crença na imitação reforça a ilusão de que tal milagre seja uma qualidade inata, natural. Isso reforça a distância social entre os grupos envolvidos por meio do fornecimento de uma simbologia que serve de base para a classificação e hierarquização dos indivíduos. Fixa como padrão de bom gosto aquilo que possa ser representativo de uma ordem de conjunto, institui a ordem de privilégios como ordem social por excelência a ser reproduzida e desqualifica tudo aquilo que lhe está distante, tudo aquilo que não seja a reprodução exata de tal ordem.

A forma que o campo da moda assume, à medida que se distancia do seu suposto centro, deve sua constituição especificamente à tensão entre essas duas racionalidades distintas, entre esses dois sentidos. Agregam-se símbolos gerados por diferentes posturas do que possam ser a moda e o significado específico da roupa, e que só podem ser compreendidos quando referidos à lógica própria da distinção entre os grupos sociais envolvidos e às formas específicas pelas quais eles se inserem e tentam fornecer uma solução a esse conflito.

Há uma série de indícios que levam a concluir que a aleatoriedade na disposição das roupas expressa uma racionalidade específica que origina a própria aleatoriedade. Há um detalhe importante aqui que não pode passar despercebido: que sua designação através desse termo não pode advir senão da tensão entre esses dois sentidos distintos. Não é essa racionalidade específica, que assim a designa, que origina tal disposição aleatória. Vejamos, detalhe a detalhe, suas características. A vitrine deve conter, dentro do possível, o maior número de exemplares vendidos pela loja[1]. Geralmente, o próprio gerente da loja é o responsável pela vitrine. Ser capaz de mostrar os produtos da loja e vender aqueles que ali estão expostos são indicadores de que aquele é um bom gerente ou não. Há outros fatores de prestígio, é claro. Diferentemente das vitrines vistas no capítulo anterior, onde são apresentados modelos que servem de suporte para o consumo, aqui a ênfase não recai sobre o modelo, mas sobre a própria peça em si. Há, é claro, em muitas dessas vitrines, manequins que exibem um conjunto completo de roupa, e não a peça por si só, mas sua função é claramente imprimir um *status* maior à própria

---

[1] As informações apresentadas neste item foram obtidas em entrevistas realizadas com gerentes de lojas e responsáveis por suas vitrines.

vitrine e à loja, um traço de distinção perante todas as outras que lhe estão próximas (circunvizinhas). Não há, como visto anteriormente, uma noção de conjunto que imprima sua marca a cada detalhe do que ali está exposto e que a ela o submete.

Detalhe de uma vitrine.

Os gerentes dessas lojas, que geralmente se encontram espalhadas pelas áreas comerciais da cidade, estabelecem uma diferenciação entre a vitrine deles e uma "tipo shopping". Tal diferença de "tipos" tem por base também a periodicidade com que é feita a renovação da vitrine. Uma vitrine "tipo shopping" é aquela que substitui seus produtos a cada 15 dias ou semanalmente. A renovação de produtos dessas lojas conhecidas como "populares" segue, igualmente, uma lógica específica, onde as peças são substituídas, porém não todas de uma só vez. Quando peças novas chegam às lojas, algumas, mais antigas, são retiradas das vitrines, e as que acabaram de chegar passam a ocupar seu lugar. A ordem determinada para a substituição é, portanto, estabelecida, prioritariamente, pela própria ordem de aquisição e de chegada de peças à loja. Isso não impede, é claro, que um grande número de peças, ou mesmo todas, sejam substituídas. O que não se pode perder de vista é que tal substituição não está submetida a uma ordem de conjunto, mas sim a uma outra lógica específica cuja ênfase está centrada nas peças isoladamente.

Há outros indícios que apontam para a conclusão de que se está diante de um sentido particular, de uma racionalidade específica. Quando se entra em uma dessas lojas, não é para comprar peças de roupa de uma grife em especial, mas peças de grifes desconhecidas. No plural, pois ao contrário das lojas citadas anteriormente, onde cada uma se especializa no comércio de uma marca específica, sendo sinônimo da própria marca que está sendo comercializada, aqui encontramos, nas muitas lojas "populares" espalhadas pelo centro da cidade, uma infinidade de marcas, todas elas igualmente desconhecidas do público. A única forma de contato possível com tais marcas é através das vitrines ou de uma busca nas araras ou balcões das lojas. A compra de produtos realizada pelas lojas está submetida, portanto, a uma escolha feita sobre as peças de roupa individualmente, e não sobre marcas ou modelos produzidos por uma determinada marca.

Ainda seguindo a mesma lógica, as pequenas confecções que atendem a tais lojas não se especializam em um "grupo" de produtos, mas em uma peça ou um número reduzido de peças, na maior parte das vezes variações de um mesmo produto. Em alguns casos específicos, são variações de um mesmo tecido, utilizado para confeccionar produtos distintos. Seja como for, a ênfase está centrada num produto específico e sobre ele as variações são feitas. Não fornecem, portanto, "modelos" que sirvam de aquisição para o consumo (de acordo com a concepção vista até o momento de modelos que integram e têm como função permitir integrar um dado universo social, onde o suporte para a aquisição é justamente a tentativa de imprimir uma indissociabilidade entre o indivíduo e esse dado universo social). Outro detalhe importante é que, da mesma forma como a maior parte dessas confecções é desconhecida do público, são também desconhecidas pelas instituições "legítimas" de representação próprias da área, tais como a Associação Brasileira de Vestuário (Abravest), órgão de representação das confecções do setor.

Exibição aleatória de peças, substituição aleatória, aquisição parcial, valor social concentrado no produto são dados que levam a concluir que se está diante de uma racionalidade própria, de que essas são formas possíveis de expressão de um mesmo sentido. Tais indícios levam a concluir que a peça de roupa por si só, e não um ou mais conjuntos determinados, agrega um valor simbólico específico. Há, portanto, um sentido determinado que direciona e origina as ações e atribui um valor simbólico específico às peças de roupa isoladamente.

Artistas e Novelas

Pateticamente, o grande comércio varejista e os sacolões "populares", apesar de não veicularem imagens que tenham por base isso que vimos denominado anteriormente como um estilo (a indissociabilidade entre o indivíduo e um dado universo social), também imprimem uma indissociação entre o consumidor individual e sua posição na estrutura social. Eles lembram, a todo instante, que esse consumidor é desprovido de recursos.

De um lado tem-se, com isso, uma relação na qual a roupa é apresentada como parte integrante de um universo maior e que, em seu conjunto, é representativo de um determinado estilo. A roupa é tão somente um dos instrumentos utilizados para integrar esse indivíduo a um conjunto maior, para imprimir em quem a usa uma indissociação entre o indivíduo e um universo social. Ela torna-se traço distintivo de uma posição social privilegiada. Mas não só ela: o discurso sobre tais pessoas, assim como suas roupas, seu reconhecimento visual, é igualmente um esforço para acentuar essa posição de privilégio. Quando abrimos as revistas de moda voltadas para esse público mais "seleto", quando os ouvimos falar, quando os vemos nas colunas sociais, mesmo que eles tenham pago para que pudessem aparecer ali, quando os vemos oferecendo recepções suntuosas com a presença de pessoas famosas, mesmo que elas tenham ganho um cachê para estar ali, é esse esforço de acentuação de uma posição social privilegiada que está em jogo. E exemplos disso podem ser vistos constantemente em qualquer veículo da mídia que possibilite que esse "privilégio" possa ser expresso.

De outro lado, uma segunda relação com a roupa. Os grupos menos "favorecidos" também são colados a seu igualmente menos favorecido universo social. Qual é o sentido presente aqui? Como todos sabemos, tais grupos estão excluídos dos editoriais de moda das revistas. Não são eles que escrevem, não são eles que ali figuram. São o público dos programas de auditório, são eles que determinam o sucesso desse ou daquele personagem nas novelas de televisão, são os ouvintes das rádios que pedem para tocar incessantemente "aquele pagode" entre as dez melhores músicas do dia, são eles que batucam nas latarias dos ônibus e são os mesmos que cantam em coro as músicas do palhaço Tiririca. Por esses e outros pecados, como insistir em ver o Programa do Gugu Liberato, insistir em imitar a Carla Perez dançando o *Tchan*, insistir em usar aquela bermuda que não combina com aquela camisa, e muitos outros, eles estão onde está o desprezo dos grupos mais favorecidos, excluídos dos mecanismos de divulgação e informação considerados legítimos, cultos e bem--informados do mundo da moda.

Ao contrário daquela racionalidade vista anteriormente, onde acumulam-se instrumentos expressivos cuja finalidade é mostrar que há uma indissociação entre o indivíduo e uma posição social privilegiada, para os grupos menos "favorecidos" essa indissociação social é, antes de mais nada, uma contingência. Ao seu redor abundam os indícios da exclusão. É contra tais indícios que estão orientadas suas ações. Sua relação com a roupa está orientada no sentido de deslegitimar os indicadores de uma contingente posição social. Como já foi dito, o estabelecimento de uma relação parcial com a roupa expressa algo mais que uma impossibilidade de compra nos mesmos moldes orçamentários que os grupos mais privilegiados, expressa uma lógica e uma racionalidade próprias. A peça de roupa, e não seu conjunto inteiro, como veiculado pelas lojas de grife ou dos shopping centers, possibilita um sentido particular à relação.

Novelas, Carla Perez, pagode são indicativos não só do desprezo dos grupos mais favorecidos e de um corpo de profissionais "qualificado" sobre moda, mas são também indicadores do "gosto popular". Como é sabido, esse gosto não é reconhecido enquanto tal pelos meios de informação legítimos do mundo da moda, sendo por eles classificado como uma "forma (rudimentar) de imitação". Um indicativo disso é o uso "corriqueiro" que é feito da expressão "gosto popular": deixa patente um não reconhecimento e uma homogeneização de diferenças para as quais não se reconhece nenhum estatuto.

Vejamos, por exemplo, dois momentos de uma mesma entrevista realizada com uma celebridade (não do mundo da moda, mas da mídia), a apresentadora Hebe Camargo[2], onde pode-se ver expressa a ideia de um gosto baseado na imitação atribuído ao "povo":

> Este Ano, Eu Vou Arrebentar
> Carla França
>
> Estado – Como é ser um exemplo para as mulheres?
> Hebe – Sinto que as mulheres da minha idade se espelham um pouquinho em mim. Quando me veem dançando elétrica na TV, pensam: se ela pode, por que não posso também? Acho que estimulo a alegria de viver. Quando mudo de cabelo, vejo um monte de cabeças iguais à minha. Isso me dá muita alegria e prazer.
> (...)
> Estado – O que costuma ver na TV?
> Hebe – Todos os jornais. Adoro noticiários, mas a qualidade caiu. Acompanho a novela Por Amor, na Globo, e tento interferir. Outro dia, telefonei para Manoel Carlos (o autor) e deixei recado na secretária eletrônica: "É Hebe Camargo falando, estou adorando a novela, mas pelo

---

2 Para uma análise mais detalhada do programa da apresentadora Hebe Camargo e das identificações e racionalizações por ele possibilitadas, veja Miceli (1972).

amor de Deus, não mate Eduarda." Não pode. A menina (Gabriela Duarte) não teve um momento de felicidade e aquela Laura (Viviane Pasmanter) exige o tempo inteiro que o moço (Fábio Assunção) fique com ela. Estão dizendo que Laura ficará grávida de gêmeos. Vou ligar de novo para Manoel Carlos. Marcelo e Eduarda são apaixonados. O autor tem de tirar Laura do pé dele.

Estado – O que achou da troca de bebês na trama?

Hebe – Fiquei horrorizada, especialmente porque as pessoas se espelham no que veem e isso pode influenciar quem não tem uma boa formação.

Fonte: Jornal *O Estado de S.Paulo*, 08.03.1998.

Exemplos como esse são comuns e podem ser encontrados nos mais diversos veículos da mídia. Poderiam ser também facilmente localizáveis em uma série de trabalhos acadêmicos de pesquisa cuja premissa é a ideia de que ao povo cabe unicamente a condição de ser reconhecido como produto inerte da indústria cultural. Os dois momentos da entrevista acima fazem referência a "imitações" distintas, que podem ser designadas por uma caracterização positiva e, outra, negativa. Ela é positiva quando o que está sendo "imitado" é o "milagre da personalidade" daquela celebridade, e é negativa quando aquilo que está sendo "imitado" é moralmente condenável por essa mesma celebridade. Independentemente do fato de haver uma distinção entre essas caracterizações, nos dois momentos da entrevista vemos que o critério de base para a avaliação é o mesmo: a imitação. Assim como a conclusão é a mesma: também a imitação. Sem dúvida, há um dado de realidade que serve como argumento para tal raciocínio: há uma correlação entre as muitas personalidades que aparecem na mídia e o consumo de produtos, de alguma forma, ligados a essas personalidades[3]. Mas há também a evidência de que se trata de um pensamento que conclui a certeza, ou a crença na certeza, de seu próprio julgamento. Tal conclusão, como já foi visto aqui, não é em nada fortuita.

---

3 Sempre é bom lembrar, uma correlação não é, por definição, uma relação de causa e efeito.

Outro reforço dado à ideia de que se trata de uma imitação rudimentar, logo irrefletida, é o caráter bizarro das notícias veiculadas. À ideia de uma imitação rudimentar associam-se outras, como a de "ausência de medida":

> Novela das 7 Inspira a Trilha Sonora do Verão
>
> Por causa de "Salsa e Merengue", procura por [esses] ritmos já aumentou nas academias da cidade
>
> Gláucia Leal
>
> O verão já tem trilha sonora. Com o estímulo da novela Salsa e Merengue, exibida pela Rede Globo, os dois ritmos latinos que dão nome à história, escrita por Miguel Falabella e Maria Carmen Barbosa, devem contagiar pessoas de todas as idades. Nas academias e escolas de dança de São Paulo, a procura pelos cursos já aumentou. "Abrimos três novas turmas e completamos as duas que já estavam tendo aulas", diz o professor e coreógrafo Chico Peltier, proprietário da escola Spaçoart (881-0112) e presidente da Associação Brasileira de Dança de Salão.
>
> "Na minha família o interesse pelo merengue tomou conta de representantes de três gerações: eu, minha mãe e até minha avó, de 75 anos, que também está fazendo aulas", conta a auxiliar odontológica Danielle Gutierrez, de 20 anos. (...)

E, como derivação da ideia de imitação, a matéria conclui:

> Junto com o balanço dos braços e quadris, os ritmos latinos deverão trazer reforço à moda colorida das próximas estações. "Salsa e merengue são ritmos alegres e, por isso, combinam com verão e com roupas claras, leves e soltas", ressalta Solange. "Cores cítricas também ficam muito bem para os bailarinos."
>
> Fonte: Jornal *O Estado de S.Paulo*, 18.10.1996.

A ideia de que se está diante de um consumo caracterizado como inerte ou irrefletido encontra-se diluída nos noticiários de jornais e revistas especializadas sob as mais diversas formas. Há um vocabulário específico utilizado para tal caracterização. Vejamos outro exemplo, este publicado num jornal de uma cidade do interior do estado de São Paulo, onde se verifica uma mudança de termos, mas não uma mudança de postura diante do juízo a ser feito:

Visual Copiado
Atrizes ditam a moda nos salões e obrigam cabeleireiros a ver novelas
Janete Trevisani

A tevê se transforma em passarela. É o cabelo da Glória Pires, as estampas da sem-terra Luana (Patrícia Pillar), as mechas de Camila Pitanga em *Malhação*, as saias curtas de Magda (Marisa Orth) em *Sai de Baixo*... A telinha dita a moda, muitas vezes de forma elegante, outras com pitadas exageradas de mau gosto.

O corte de cabelo de Cláudia Alencar em *Anjo de Mim* mostra a antitendência, mesmo assim tem telespectadora com a revista noveleira da semana na mão para mostrar ao cabeleireiro de confiança, louca para copiar o modelinho, e haja argumento para convencê-la de que o corte não é o ideal para o seu rosto e personalidade. (...)

Cortes da Telinha
Clientes desprezam revistas especializadas e optam pelo que a tevê exibe

(...) É comum as clientes chegarem ao salão com uma revista nas mãos para apontar o corte de alguma atriz, outras vezes apenas citam o corte e o cabeleireiro precisa estar antenado com as novidades mostradas na telinha. (...)

Fonte: Jornal *Correio Popular*, 21.09.1996.

Mais uma vez podem ser encontradas uma caracterização positiva e, outra, negativa, uma divisão entre aquilo que é ou não aceitável pelos meios legítimos de informação, entre as "revistas especializadas", e o que "a tevê exibe". *Ditar* e *copiar* são termos que também estabelecem uma diferenciação positiva e negativa, porém aplicada aos dois "grupos" descritos na matéria. É positiva ao referir-se àqueles que são considerados a fonte de imitação, são eles que ditam a moda. É negativa, já que fruto da irreflexão, ao referir-se àqueles que imitam, que copiam[4]. A atribuição de cópia deve ser tomada como representativa tanto da oposição quanto do conflito entre aquele universo "seleto", que considera a si próprio como culto e bem-informado em relação ao mundo da moda – é o mundo da "arte", da "criação" –, e essa gente que, em vez de ver Sheakespeare no teatro, insiste em ver as novelas da televisão[5].

Assim como é comum encontrarmos na mídia notícias a respeito dos modismos lançados pelas novelas, é comum também que, nas lojas, seja pedida a camisa (calça, saia, ou o que quer que seja) de uma determinada personagem, ou de algum conjunto musical mais diretamente associado ao gosto "popular", como um grupo de pagode, de axé music, ou de música sertaneja. Cabe ressaltar, no entanto, que

---

4 Na mesma matéria pode ser encontrado, em um box à parte, aquilo que é aceito ou não pelos meios "legítimos" de informação. É algo indicativo, também, de quais são as referências mais importantes no momento, independentemente do julgamento que está sendo feito por tais meios "legítimos":

Espelho, Espelho Meu

Em Alta
  As mechas de Camila Pitanga em *Malhação*
  O corte de cabelo e Glória Pires, a Rafaela de *O Rei do Gado*
  O visual rural de Fábio Assunção, o Marcos de *O Rei do Gado*
  O corte de cabelo de Vera Zimmermann, a Sílvia de *Razão de Viver*
  O visual simples de Tássia Camargo em *Anjo de Mim*
  O novo corte de cabelo da apresentadora Marília Gabriela

Em Baixa
  O suporte do cabelo de sempre (ela nunca muda) de Irene Ravache em *Razão de Viver*
  A franja muito curta e o cabelo sem corte definido de Cláudia Alencar em *Anjo de Mim*
  As roupas da repórter Glória Maria, sempre de jeans e blazer rosa, até parece superstição
  A falta de estilo da estilista Zilda (Adriana Esteves) em *Razão de Viver*
  O visual de Taís Araújo, a protagonista de *Xica da Silva*
  Algumas apresentadoras de telejornais, inclusive os regionais, que usam franja falsa, nada a ver com a atual tendência.

Fonte: idem.

5 Para um histórico da telenovela no Brasil, ver Hamburger (1998; 2005).

há uma diferença entre as informações veiculadas pelos jornais diários e as veiculadas pelas revistas especializadas em moda. Nessas, a periodicidade da informação é a mesma das revistas; naqueles, a veiculação de informações é eventual e restringe-se, na maior parte das vezes, a cadernos especializados no assunto televisão. Tais pedidos relacionados às celebridades não passam despercebidos, evidentemente, nem pelos donos de lojas, nem pelos comentadores profissionais do assunto.

A característica de todos esses personagens e personalidades, requisitados como referência segura na hora de comprar uma peça de roupa, é que eles tendem a expressar não um sinal de distinção social, mas, ao contrário, um sinal de distinção pessoal. Suas características marcantes, aquelas que propriamente compõem seu estilo, são sempre ligadas a traços de personalidade ou qualidades de caráter individual: sensualidade, coragem, rebeldia, masculinidade, feminilidade, força, romantismo, ingenuidade, timidez, beleza etc. Novamente o termo estilo aparece, mas agora com um uso muito distinto do anterior. Se antes o termo indissociava o indivíduo de uma posição social privilegiada, agora ele procura associar o indivíduo a uma qualidade individual particular. É nesse sentido que podem ser encontradas citações, como as abaixo, sobre as personagens da novela *Salsa e Merengue* (Rede Globo) e suas roupas:

> Teodora (Débora Bloch), a poderosa
>
> O tubo, em malha, criado especialmente para a personagem, se basta. No máximo, use braceletes dourados, já que o superdecote e os braços nus são o contexto perfeito para esse tipo de *bijoux*.
>
> Marinelza, a provocativa
>
> O figurino da espevitada Marinelza (Zezé Polessa) pede um corpinho maneiro, porque tudo é muito justo.
>
> Fonte: Revista *Moda Moldes*, nº 129, março, 1997.

Essas não são, evidentemente, as únicas personagens da novela. A sua escolha aqui se deve não só aos qualificativos utilizados, mas também às descrições que as acompanham e as designam: "poderosa" e "provocativa" são variantes de um certo uso do corpo, assim como a "provocativa" do exemplo abaixo. Detalhe importante: as "poderosas", seja em qual revista for e independentemente de ter uma novela como referência direta, sempre fazem uso do corpo como instrumento direto de afirmação pessoal, onde a "sedução" aparece como o principal traço distintivo. Exemplos semelhantes podem também ser encontrados em outras revistas do gênero:

Indomadas & Poderosas

Para ser a estrela da festa, *a recatada noiva Doroty* (Flávia Alessandra) entrou num processo de transformação e ganhou ares de felina com o modelo 558, um longo godê de cetim e veludo, com decote frente única.

A força e a beleza de Helena (Adriana Esteves) se traduzem no imponente modelo 556, que aparece na capa desta edição. No melhor estilo império, ele reforça a personalidade marcante de quem o veste (...).

Santinha (Eliane Giardini) *é uma mulher sensível, frágil,* mas não passa despercebida. Aqui, a proposta é evidenciar sua delicada sensualidade (...).

Impetuosa, Scarlet (personagem de Luíza Tomé) não mede esforços para ser o centro das atenções da festa da irmã. Tanto que abusa da fenda que deixa à mostra suas pernas bem torneadas (...). [grifos meus]

Fonte: Revista *Manequim*, ano 38, nº 08, agosto, 1997.

E assim são tantos outros. Os exemplos possíveis, aqui, são inúmeros. Alguns anos atrás, a Rede Globo apresentou uma novela chamada *Quatro por Quatro*, em que uma das personagens, a Babalu, usava constantemente tops e minissaias curtíssimas. Durante o período em que a novela esteve sendo apresentada na televisão, uma das peças de roupa mais pedidas nas lojas era a chamada "minissaia da Babalu". Isso não é um fato casual e isolado. Tanto as confecções quanto as agências de propaganda e o mercado editorial foram capazes de perceber o apelo representado pelos personagens de novelas.

Não por acaso, há duas revistas concorrentes, *Moda Moldes* e *Manequim*, que visam exatamente a esse público: aquele que quer se vestir como os personagens de novelas e, ou não encontra a roupa pretendida à venda, ou crê que é um custo menor fazer as peças em casa ou mesmo pedir que alguma costureira copie o modelo. Seja como for, as matérias que apresentam as roupas sempre se repetem seguindo um mesmo padrão: "a sensualidade da atriz Fulana de Tal", "o romantismo da atriz Sicrana de Tal", "a ousadia e a força da atriz Beltrana de Tal". Não por acaso, também, uma série de campanhas publicitárias fazem uso desses mesmos atores/atrizes para veicular a imagem de um determinado produto.

Segundo uma reportagem feita a respeito das roupas utilizadas pelos personagens de uma outra novela, *O Rei do Gado* (Rede Globo), conforme afirmou a figurinista responsável, Yurika Yamazaki:

> (...) é a primeira vez que ela prepara figurinos para uma novela e garante que teve a preocupação somente de determinar por meio do figurino o perfil de cada personagem.
>
> Fonte: Jornal *Correio Braziliense*, 07.07.1996.

Independentemente de ser ou não verdade o fato de que a figurinista se baseia *apenas no figurino* para definir a identidade dos personagens, há uma vinculação explícita entre um perfil considerado para cada um dos personagens e a roupa como referência direta para sua composição.

Isso faz do próprio corpo, individualmente, o foco de atenção principal. Tanto os modelos de roupas femininos quanto os masculinos demonstram estratégias diferentes de enfatizar características associadas ao corpo, tomando-as como qualidades "naturais" e indissociáveis do indivíduo. Ou talvez isso precise ser dito de outra forma: o sentido impresso por essa racionalidade específica é de uma pretensa indissociação entre o indivíduo e uma determinada qualidade natural e particular. Com isso, toda personagem, homem ou mulher, cuja característica principal é, por exemplo, algo que possa ser identificado como uma espécie de "força", tem como traço marcante, por extensão, o próprio corpo. Assim é com as personagens de novelas femininas consideradas "fortes", que enfatizam a sedução como estratégia de força. E exemplos disso podem ser encontrados constantemente nos editoriais das revistas especializadas em divulgar os figurinos das novelas. Sempre a chamada de capa é uma atriz de destaque na trama de alguma novela, a "qualidade" que a diferencia das demais (poder, força, decisão etc.) e a roupa adaptada a essa "qualidade" (sensual, transparente, com muitos decotes etc.).

Mas uma maior ênfase do corpo não é estratégia exclusiva de uma qualidade de "força". Ela serve de estratégia sempre que se pretende afirmar qualquer qualidade "pessoal" capaz de sobrepor o indivíduo aos demais. Na prática, isso significa, para as mulheres, uma maior exibição do corpo, e para os homens, uma maior exibição de força física ou viril. E as referências para isso são bastante óbvias: ídolos femininos cujo único talento é a beleza física e ídolos masculinos retirados do – ou com uma clara associação física com o – mundo dos esportes. Ainda durante a exibição da novela *Quatro por Quatro*, uma das peças de roupa mais vendidas para o público masculino[6] foi um modelo de camisa onde inexistiam as mangas (usadas pelo personagem Bruno), e no lugar onde estas deveriam estar ficava apenas a costura desfiada. Ou seja, o principal traço distintivo do personagem, garantia de venda das camisas, era a exibição de sua masculinidade através da exibição de seus braços[7].

Esse sentido de afirmar um determinado atributo físico é correntemente entendido como forma de utilizar a moda simplesmente como uma "arma de sedução". Mas há mais do que apenas sedução em jogo. Há um sentido que sinaliza um leque de possibilidades de relação com a roupa, mas onde, independentemente da estratégia

---

6 De acordo com informações obtidas junto a uma rede de lojas que abrange as cidades de São Paulo, Jundiaí e Campinas.

7 Uma camiseta que tem grande saída nas lojas que vendem roupas do tipo *street wear* é a *Big Johnson*, de clara analogia fálica e com desenhos de mulheres semidespidas.

utilizada, e exibir o corpo é tão somente uma delas, a prioridade é a ênfase de traços de distinção pessoais. A forma mais óbvia de expressão desse sentido pode ser encontrada nas propagandas de produtos esportivos, em especial nas de tênis, que são veiculadas por uma série de revistas – de moda, de notícias, de comportamento, de televisão etc. –, e onde o argumento publicitário central é a força individual colocada como triunfo para a distinção pessoal. É isso que se pode ver expresso, por exemplo, na campanha publicitária da marca Reebok veiculada no ano de 1996, da qual foram extraídas as citações abaixo[8]:

> Velejar não se aprende na faculdade. Então fui tirar meu diploma no mar. Os amigos não entenderam minha escolha profissional. E perguntavam: "Mas você vai viver de quê?" E eu respondia: "Eu vou viver de vento" [anúncio com o velejador Lars Grael].
>
> É mais fácil enfrentar um centroavante que um garoto de caneta na mão. O centroavante olha para a bola e eu o desarmo. O garoto olha nos meus olhos e me desarma. Eu sei o que ele está sentindo. Eu já fui um garoto pedindo autógrafo [anúncio com o jogador de futebol Zé Elias].
>
> Já ganhei algumas provas com facilidade. Só não consigo lembrar quais foram. As provas que não esqueço são outras. Aquelas que pareciam impossíveis. As que ganhei apesar do cansaço e da dor [anúncio com o ciclista Oscar Galindez].
>
> Eu jamais usaria terno e gravata. E ficaria maluco num escritório. Prefiro um trabalho como o meu, mais leve e mais tranquilo. É só nadar, pedalar e correr uns 70 km por dia [anúncio com o triatleta Alexandre Manzan].

São poucos os momentos em que tal sentido fica tão claramente expresso. A ênfase em traços de distinção tidos como qualidades estritamente individuais se faz contra uma determinada ordem

---

8 Para uma análise da ética do ativismo e de suas características desde inícios do século XX, veja Sevcenko (1998).

vigente, ou contra os obstáculos que essa ordem impõe às pessoas individualmente. Não se trata apenas da vitória obtida perante outros indivíduos em uma disputa, mas também, e principalmente, da vitória obtida perante o conjunto da sociedade, da vitória sem a – suposta – submissão aos mecanismos legítimos de promoção e reconhecimento sociais, como a faculdade, o diploma ou o terno e a gravata.

Essa ênfase em qualificativos individuais tem suas variantes não só na roupa, mas também no vocabulário usado. O uso de uma determinada peça de roupa é expressivo de uma determinada "atitude", termo que apresenta a mesma fluidez encontrada nos termos estilo e natural. Eles possuem usos homólogos, expressam sentidos semelhantes e que só podem ser designados dentro do jogo entre o conjunto de sentidos possíveis e expressos pela moda. Atitude é o termo mais correntemente utilizado para identificar esse público. Quando a revista *Raça* (dirigida aos negros) decide colocar como *slogan* de capa a frase "Negros com Atitude", está em jogo justamente esse sentido de deslegitimar uma ordem vigente. O que não significa instaurar uma desordem, não é isso. Significa expressar uma postura de coragem perante a sociedade ou, em outros termos, uma postura de coragem perante uma contingente posição social, capaz de suplantar a ordem social e sobre ela impor-se. O próprio título da revista também expressa o mesmo sentido, pois *Raça* tanto é uma referência direta ao público negro quanto a uma qualidade de coragem de caráter pessoal. Nova homologia estabelece-se, nada casual, com os esportes: é comum dizer, especialmente de jogadores de futebol, que aquele que tem coragem, ousadia, inteligência, tem raça. O traço distintivo utilizado como referência de identificação é, portanto, uma atitude que busca, ou conseguiu, impor-se; que busca, ou conseguiu, seu reconhecimento.

Esse é, não por acaso, o mesmo termo aplicado aos *raps* que estão fazendo tanto sucesso atualmente: são grupos e músicas de atitude. Ou seja, músicas que têm por finalidade mostrar o que os grupos que estão cantando têm de melhor. Constituem uma crítica social que se completa no uso particular de um tipo de roupa, e, independentemente de qual seja o caráter da crítica, ela precisa necessariamente expressar, ou ser expressiva de, uma postura de coragem perante a sociedade, configurando uma postura pessoal diante de uma ordem social que deve ser recusada. Isso está expresso em letras como a abaixo, do grupo *Câmbio Negro*, definido pela revista *Somblack*, especializada em música negra, como um grupo "direto, ousado e inovador":

> Sou negão careca da Ceilândia mermo e daí
> não botaram fé eu tô de volta tô aqui
> mostrando meu trabalho, minha capacidade de criar
> (*A Volta*, X, Diário de um Feto)

Esse é o sentido expresso em tantas outras músicas. E mesmo no título de um dos *shows* do grupo Racionais MC, outro famoso grupo de rap: Sobrevivendo no Inferno. O mercado aberto por músicas desse gênero, no qual as grandes empresas fonográficas não apostavam, assim como o mercado aberto para as roupas do estilo *rap*, depois denominado *street wear*, mostra a força de mobilização que uma tal postura pode representar. A mobilização verificada representa a aceitação da música, e do *rap* em especial, como instrumento de afirmação pessoal e social. Mais especificamente, pessoal perante o social. O *street wear* só recebeu essa denominação quando as grandes confecções decidiram competir com as pequenas por essa fatia de mercado. Num primeiro momento, apenas confecções desconhecidas do público produziam roupas para *rappers* e *skatistas*. O crescimento do movimento, tanto na música quanto no consumo de um tipo específico de roupa, foi traduzido pelas grandes confecções e por muitos consultores de moda como uma "tendência". De acordo com Glória Kalil, consultora, a pirâmide da moda sofreu uma inversão: deixou de se inspirar na classe alta e difundir seu estilo às demais para inspirar-se nas classes baixas urbanas e difundir seu estilo para aquelas que lhes estão acima. Há uma razão para a legitimidade – não veracidade, bem entendido – de tal explicação que está diretamente relacionada com aquelas crenças difundidas e aceitas que foram discutidas no capítulo anterior. Ao ascender aos meios legítimos de informação e divulgação, essa tendência passou a adquirir um estatuto que antes não lhe era atribuído. Ao circular como notícia, passaram a circular, evidentemente, as crenças ligadas a uma posição de destaque, com todas as consequências que disso possa advir. A que está expressa anteriormente, por meio do comentário da consultora de moda, é a crença de que dali, daquela tendência, a exemplo de todas as demais manifestações que partem de um suposto centro para a moda, todas as outras manifestações emanam.

E é exatamente esse sentido, de afirmação de traços pessoais, que também se expressa através das denominações que são dadas às roupas. A loja Mad Mix, então situada nos Jardins, em São Paulo, e conhecida por comercializar roupas dos estilistas *underground*, ou seja, a vanguarda da moda, tinha parte significativa de sua clientela composta por *office boys*, que chamavam a si próprios de "manos". Durante um certo tempo, esses *office boys* foram um problema. Não no sentido de consumidores sem potencial de compra: eles eram, na verdade, responsáveis por aproximadamente 80% das vendas. O problema é que eles não eram *clubbers*, eles não eram a vanguarda do mundo da moda. Aliás, o consumo ostensivo por parte deles chegava a comprometer a identidade dessa vanguarda. Alguns estilistas resolveram resignar-se diante do fato e pensar que é bom que eles comprem, é sinal de que aquilo que eles entendem como tendência se configura enquanto tal. Mesmo assim, esse consumo era desconcertante para tais estilistas. A ex-modelo e proprietária da Mad Mix, Rosa Dolenk, resolveu incluir, em um de seus panfletos de divulgação da loja, os nomes, desconcertantes para esses "criadores", pelos quais os manos chamavam as roupas e acessórios: eram camisas "nervosas", camisetas "espertas", cintos "valentes" ou "muito do bem" e assim por diante. Enfim, eram qualificativos que designavam a postura deles, *office boys*, ao usar cada uma dessas peças: de enfrentamento da ordem social, mais especificamente, da sua contingente posição social, utilizando e enfatizando, para isso, traços de distinção de caráter pessoal, mostrando individualmente o que eles podiam ter de melhor.

Periodicidade e Referências

Fica claro que o valor simbólico agregado à roupa está associado a um sentido específico impresso às ações dos indivíduos. Exibição aleatória de peças, substituição aleatória, aquisição parcial, valor social concentrado no produto ou, mais especificamente, ênfase na distinção de traços pessoais em detrimento dos traços sociais são formas possíveis de expressão de uma racionalidade específica.

De um lado, tem-se a arte como referência máxima, citada em vários momentos e sob as mais diversas formas. Assim como há regras e instâncias específicas de consagração para a criação, também há para seus consumidores diretos, aqueles que lhe estão mais próximos. Há também uma periodicidade própria e que está diretamente relacionada com o lançamento das coleções, com os eventos e sua divulgação na imprensa.

E, de outro lado, tem-se as novelas, a música, o esporte e uma sedução que se traduz numa maior exibição do corpo. As referências são outras. Elas não expressam uma ordem de conjunto, uma indissociabilidade entre o indivíduo e uma – contingente – posição social. Expressam uma ordem pessoal à qual o conjunto – ou a ordem social – deve estar submetido. Não há uma definição precisa para o termo conjunto aqui, uma vez que ele expressa uma noção de ordem social. Sua definição só pode advir da ênfase específica que está sendo dada dentro de um determinado contexto. Depende das referências: tanto aquelas que se quer enfatizar quanto aquelas que se quer dissimular. Há também uma periodicidade própria que só pode ser compreendida pela periodicidade de suas referências.

Isso fica claro quando se observam as mudanças que podem sofrer uma determinada peça de roupa, como, por exemplo, uma *lingerie*. A *lingerie*, por si só, já representa um objeto de sensualidade. Mas a "*lingerie* da atriz Fulana de Tal" representa uma "certeza" de sensualidade. É aquela atriz que está em evidência, e ser ou estar sensual como ela pode significar estar igualmente em evidência, mesmo que estar em evidência não seja algo público, que esteja restrito a quatro paredes ou à concorrência com as amigas.

Só que as novelas terminam e as atrizes mudam. Numa outra novela vamos encontrar uma outra atriz com uma beleza diferente e *lingeries* igualmente diferentes vão estar em evidência, fazendo com que as novas *lingeries* e a nova atriz sejam as novas referências de sensualidade. A sensualidade anterior está perdida, sofreu uma transferência, está em outro local. A possibilidade que uma peça de roupa tem de continuar simbolizando uma determinada qualidade está em grande parte relacionada ao tempo de duração de uma novela. Sua continuidade está relacionada ao fato de que a personagem, em geral, exibe o mesmo guarda-roupa (e as roupas não são tantas assim) do começo ao fim da trama. Só haverá mudança de guarda-roupa quando houver uma mudança de novela e de elenco.

Há, portanto, uma periodicidade própria diretamente relacionada com a substituição e o tempo de duração das novelas. Aquela atriz, colocada em evidência por um período determinado de tempo, e a qualidade relacionada ao estereótipo da personagem que ela representa servem de modelo para que uma relação de identidade seja estabelecida com o público. E a identificação se faz, obviamente, sempre com tipos ideais: a romântica, a sensual, a poderosa, a inteligente, a forte etc. Cada personagem é montada com base nesses tipos ideais, nesses estereótipos. É essa simulação de tipos ideais, dentre outros fatores, que permite, conforme afirmou anteriormente a figurinista Yurika Yamazaki, "determinar por meio do figurino o perfil de cada personagem".

Mas a novela não é a única fonte possível de referências. Há o esporte, a música, as modelos que aparecem nas revistas etc. Cada uma dessas referências mobiliza um certo número de pessoas por um tempo que é, a princípio, indeterminado. Elas instauram uma periodicidade própria. Situação absolutamente inversa da vista no capítulo anterior, onde a periodicidade das roupas é fixa e marcada pela periodicidade de eventos sociais ligados à moda. O tempo de uma novela pode determinar o tempo de uma personagem, do estilo que ela representa e das roupas que expressam esse estilo. Mas o tempo dessa novela não pode determinar o tempo das figuras ideais. A romântica, a sensual, a sonhadora, a poderosa são tipos ideais que não desaparecerão com o último capítulo. Eles são, ao contrário, resgatados no momento seguinte. A roupa de uma personagem, seu corte de cabelo etc., são os instrumentos expressivos pelos quais a identidade e o reconhecimento desses tipos se tornam possíveis. Ao comprar uma roupa que apareceu na novela, não é a cópia, ou imitação, que está em jogo, mas a possibilidade de resgatar essa determinada identidade, ou seja, a possibilidade de resgatar os instrumentos de simbolização desses tipos ideais. E assim também é com o esporte e a música. A identificação, portanto, também não pode ser fixa, mas fluida: depende do contexto específico de cada um individualmente e da imagem que se pode fazer de si próprio naquele momento. Não é a imitação, portanto, que está em jogo, mas a renovação das estratégias expressivas requisitadas como formas de afirmação de qualidades pessoais. E a renovação da crença de que tais qualidades pessoais são o instrumento, por excelência, da afirmação social.

Há, portanto, uma racionalidade própria, que orienta as ações das pessoas num sentido específico e que uma explicação de caráter utilitário, pautada apenas na diferença de preços entre as roupas, impede que seja compreendida. A aquisição parcial de roupas não pode ser creditada apenas à falta de recursos financeiros. Há outros indícios que levam a concluir que se está diante de uma lógica própria à qual estão submetidas a compra, a escolha e o gosto em geral. Não é o conjunto, mas a peça de roupa, por si só, que concentra um determinado valor simbólico. É ela que serve de base para que variações e escolhas sejam feitas, seja para sua produção, seja para sua compra.

Essa peça de roupa capaz de expressar sensualidade, feminilidade, masculinidade, romantismo, virilidade, força, poder etc., é uma das formas possíveis de expressão da identidade que estes vários indivíduos tentam construir. É preciso levar em conta, para que se possa compreender quais são os mecanismos de construção dessa identidade, qual a posição que eles ocupam e quais as pressões sociais que sobre eles se exercem. Só então podemos entender que essa identidade é, antes de mais nada, a resposta a uma pressão social específica, na qual a posição na estrutura social é, para a maioria esmagadora dessas pessoas, uma contingência. Não há porque celebrar a pressão social sofrida. Celebra-se, ao contrário, tudo aquilo que possa se sobressair a essa pressão, tudo aquilo que possa dissimular uma identidade que nada mais seria senão o resultado de uma contingência, o resultado da exclusão dos meios, por excelência, de promoção social. Para isso, enfatizam-se os traços pessoais em detrimento dos sociais. Rejeita-se uma ordem social cuja tradução pode ser encontrada na ordem simbólica que as roupas, em seus conjuntos, expressam. Enfatizam-se, com isso, não os conjuntos, mas as peças isoladamente. Elas é que se tornam expressivas das mais diversas qualidades pessoais que a roupa possa representar. A ênfase na peça de roupa é, portanto, uma estratégia simbólica de rejeição da ordem social traduzida na forma de "conjunto". Recai sobre o milagre da personalidade, como parte dessa estratégia simbólica, a crença de que este é o mecanismo por excelência capaz de promover a ascensão – ou, talvez, o mais correto fosse dizer "exceção" – social. Chama a atenção, contudo, o fato de que esse milagre da personalidade ocorre em situações e condições muito diferentes daquelas vistas no capítulo anterior.

Na relação entre as classes baixas e a mídia não está em jogo nem a imitação (esta é uma atribuição que tem uma origem específica e que visa, unicamente, desqualificar o consumo das classes baixas) nem a mera possibilidade de consagração das suas figuras carismáticas, como se estas fossem um centro ao redor do qual as demais orbitassem. Está em jogo a crença de que as qualidades individuais são o instrumento da redenção social. Ao divulgar a vitória social como o resultado do talento que habita aquelas pessoas, a mídia celebra a crença não só de que essa vitória é o resultado de uma qualidade individual, mas celebra também a crença de que ela mesma é a porta-voz, por excelência, de tais vitórias. Ali a alta sociedade não aparece sob a imagem da consagração social, mas sob a imagem da consagração individual, particularizada. Nesse sentido, o discurso da fofoca sobre as diversas celebridades e sobre os artistas de novelas, observado em revistas como *Contigo, Amiga* e *Ti-ti-ti*, aproxima-se do discurso da adulação profissional, que encontra sua forma mais acabada em revistas como *Caras, Chiques & Famosos, Flash* e *Isto É Gente*, além das diversas colunas sociais que integram os jornais diários.

Não é por acaso que as novelas, a música e o esporte são as referências de caráter mais geral. O ator, o músico e o desportista são figuras que, supostamente, ganharam o reconhecimento social – e isso é uma crença compartilhada pelo conjunto da sociedade, independentemente da classe social – graças ao talento que habita cada um deles, graças ao seu mérito individual. Os sentimentos adquirem expressão simbólica na projeção de ideais pessoais, de ideais de conquistas. Esse é o sentido expresso tanto na identificação com os artistas, as personagens de novelas, os ídolos da música e do esporte quanto no uso individualizado de termos como atitude e estilo. Está expresso no valor simbólico das peças de roupa, na ênfase às qualidades individuais que elas podem realçar. E está expresso, também, nos nomes desconcertantes pelos quais os *office boys* chamam as criações da vanguarda ou em letras do *rap* que falam do sofrimento e do valor individual de cada um deles.

3
EMPRESÁRIOS E ORÁCULOS

A grande questão, para todos os empresários ligados ao setor de moda, sejam aqueles que empresariam o próprio nome (como Alexandre Herchcovitch, Reinaldo Lourenço etc.), sejam aqueles que respondem por uma determinada confecção de renome (e que não tem o mesmo nome do estilista, como Zoomp, M. Officer etc.), sejam aqueles que possuem confecções não renomadas, sejam os proprietários de tecelagens ou de indústrias de fibras têxteis e tinturarias, é sempre saber o que as pessoas gostam ou gostariam de usar antes dos seus concorrentes diretos. Institui-se, em função disso, uma hierarquia tanto entre informações quanto entre as diversas formas pelas quais elas são obtidas e os diversos instrumentos de acesso por meio dos quais as empresas chegam até elas. Mas não há uma hierarquia apenas, há duas. De um lado, tem-se os estilistas que empresariam o próprio nome ou que o vendem para uma grife de renome. Sua consagração no setor está diretamente relacionada à sua capacidade de prever quais serão as tendências de moda das estações por vir. E é essa capacidade, tida como um "talento natural", que justifica sua aparição nos editoriais de moda das revistas especializadas. Galgar carreira, aqui, significa demonstrar "talento" para identificar uma determinada tendência (tema) e ser seu legítimo representante. Além, evidentemente, de todas aquelas outras coisas que envolvem a consagração de um "criador" e que foram discutidas anteriormente: ser reconhecido como parte indissociável de um dado universo social tido como melhor e como modelo de ação e conduta, e ter as condições necessárias, tanto capital quanto conhecimento do que possa ter significado para aquele circuito social, para implementar suas criações.

E há um outro lado dessa hierarquia. A maior parte das empresas não possui estilistas que exerçam essa função de previsão e criação. Ou, mesmo quando dispõem de profissionais assim, e isso é um detalhe importante, as informações são geradas externamente à empresa. Nesse grupo de empresários podemos incluir tanto os grandes quanto os pequenos, com a evidente diferença de que as possibilidades de acesso, leia-se compra de informações, são maiores para uns e não para outros. Aqui, especificamente, interessam-nos os grandes empresários que efetivamente investem na compra de informações. Há um sentido próprio que direciona uma relação particular tanto com o mercado consumidor quanto com a roupa em si e, é claro, com as agências responsáveis por gerar informações sobre tendências de moda. Esse sentido atende a um interesse específico, característico desse grupo empresarial, e imprime uma racionalidade própria a seus investimentos e às informações que lhes servem de suporte.

Basicamente, esse interesse traduz-se em *estar à frente* dos demais empresários concorrentes do setor, o que significa ser capaz de lançar um produto no mercado que tanto possa ter alta vendagem quanto conferir uma identidade – distinção – à empresa. E o mais importante, significa lançar um produto capaz de tudo isso *antes* dos concorrentes. Isso gera dois tipos de ansiedade entre o grupo. Primeiro, saber qual é esse produto, portador dessa força de vendagem e de distinção, e passar a produzi-lo. Segundo, saber qual será esse produto *antecipadamente*. A ação desses empresários é sempre orientada, com isso, em função de um suposto *saber antecipado* e de uma constante ruptura com o saber e o produto anteriores. Efetivamente, o que ocorre é que a ruptura garante a crença nessa anterioridade.

Empresários

Para que possamos entender a racionalidade ligada às grandes empresas, e mesmo às pequenas, é necessário, primeiro, identificar suas principais características. Supostamente, há uma transferência de importância do produto para o consumidor. O produto carrega essa força mágica de vendagem, mas ao consumidor é atribuído o fornecimento da informação para chegar-se até ela. Ao menos é isso que o discurso empresarial tenta transmitir. Vejamos, como exemplo, um discurso de caráter oficial, de Roberto Chadad, então Presidente da Associação Brasileira do Vestuário (Abravest), a respeito de um dos seminários ocorridos na entidade (II Seminário de Integração Varejo, Vestuário e Têxtil). Antes, contudo, cabe uma ressalva: não há integração, apesar do nome do seminário, entre esses diversos setores. Por vários motivos, que aqui não cabe mencionar, pois não é esse o objetivo deste trabalho, o setor empresarial, como um todo, nunca assistiu a sua própria união. A Abravest, aqui citada, nasceu de uma outra entidade, a Associação Brasileira das Confecções de Jeans (Abrajeans). O projeto inicial era de que a entidade que ora surgia integrasse, o que não ocorria até então, todo o setor têxtil. Isso não aconteceu e a Abravest passou a integrar apenas o setor de confecções. Essa não integração geral se deu, em parte, em função da concorrência entre as empresas e ao interesse de grupos específicos em monopolizar as entidades de representação do setor têxtil. Tais detalhes não interessam no momento. Vamos tentar entender apenas quais são as crenças e os valores em jogo e quais as características da racionalidade que disso derivam:

> Evolução do consumidor vai mudar as empresas
>
> Durante a realização do primeiro encontro, no ano passado – reunindo os setores de Confecção e Varejo – o consumidor ainda era uma figura meio desconhecida e com contornos indefinidos. Durante os debates, foi nítida a preocupação dos palestrantes e debatedores em "conhecer" o consumidor.

Em um ano, esta situação evoluiu: o consumidor já é conhecido e as empresas já sabem de suas exigências.

O problema agora é outro: o que fazer para atender o consumidor que há um ano tinha um tipo de exigência e que agora tem outra... e amanhã terá mais.

Passados os momentos iniciais após o II Seminário, é possível avaliar com maior lucidez que o choque da abertura de mercado, somado às novas realidades econômicas estabelecidas com o Plano Real e o amparo de leis de proteção - como o Código de Defesa do Consumidor e as nossas Normas de Medidas Padrão, por exemplo – fez nascer não somente um novo e exigente consumidor. Criou também um consumidor que está sempre mudando (para melhor). A cada exigência satisfeita, o consumidor exige outra nova, mais uma e assim por diante.

Isso, se por um lado empurra a indústria que é obrigada a melhorar qualidade, preço e atendimento, é também um grande complicador estratégico.

Chegou-se à conclusão que não basta "conhecer" o consumidor. É preciso entender a indústria e suas mudanças. É preciso estar atento e literalmente *antenado* para dar o que o consumidor quer – antes que ele satisfaça o seu desejo comprando produtos importados, por exemplo, e deixando a indústria brasileira a ver navios (...).

Fonte: Revista *Abravest*, ano IX, nº 59, pág. 4, julho de 1997.

Duas ideias organizam o texto: antecipação e mudança. E o consumidor, aparentemente considerado como peça central, surge no corpo do texto exercendo apenas o papel de figurante. Em um primeiro momento houve a preocupação em "conhecer" o consumidor, mas esse "conhecimento" é tão fluido e transitório quanto a preocupação com o que deve ser produzido, o que significa que ele, o "conhecimento", já "evoluiu". Mais importante que conhecer o consumidor, e não importa se o que se sabe dele possa ser resumido à ideia de que "há um ano ele tinha um tipo de exigência e que agora ele tem outra... e amanhã terá mais", por mais simplória e rasa que ela seja, é deixar esse "conhecimento" para trás.

A fluidez desse consumidor é, nesse sentido, fluidez do conhecimento – ou da ignorância – sobre ele. Sua função é acessória: serve para explicar o motivo de existir uma necessidade tão incessante de mudança e de antecipação. Aliás, dentro desse "esquema de conhecimento", se há algo inviável, é exatamente esse "conhecimento". Mas em nenhum momento essa inviabilidade é problema: quando Roberto Chadad diz que "chegou-se à conclusão que não basta 'conhecer' o consumidor", ele demonstra que não é importante conhecer esse consumidor, mas, repetindo, deixar esse conhecimento para trás. É a mesma coisa quando ele diz que "o problema agora é outro". O problema nunca foi outro, foi sempre o mesmo: mudar antecipadamente. Esse consumidor só não se torna peça irrelevante do sistema porque é ele quem compra.

Esse saber antecipado, que impele incessantemente para a mudança, acaba por outorgar ao produto um caráter mágico: seu poder de vendagem e de distinção para a empresa perde-se, transfere-se, vai estar em outro produto ao qual se deve chegar antes que o concorrente. A ruptura com o produto anteriormente produzido e a efetiva renovação da produção acaba por conferir realidade à crença de que um produto possa ser o receptáculo desse "poder" de vendagem e de distinção, mas que pode abandoná-lo e transferir-se para outro. É necessário, portanto, supor um mecanismo capaz de identificar as transferências operadas por esse poder mágico. É essa a responsabilidade dos *bureaux* de estilo: "prever" tais transferências, o que, na linguagem própria à área, significa "prever" as tendências de moda que estão por vir. Reparem como mais uma vez o termo estilo aparece, mas agora com um significado diferente dos anteriores. Aqui o estilo representa esse poder mágico de vendagem e distinção de um determinado produto, expresso numa linguagem de tendência: é a expressão de tudo aquilo que os consumidores esperam usar em um futuro imediato. Expressa, portanto, a ideia de um suposto "saber" – antecipado – sobre o consumidor que tem como pressuposto, necessariamente, a sua constante renovação. Tanto o produto quanto o "saber", portanto, detêm esse mesmo poder "mágico" que se transfere e precisa ser buscado em outro lugar depois.

O discurso desses *bureaux* e dos consultores independentes que realizam papel semelhante assume, em função disso, algumas características próximas do discurso profético. Necessariamente, ele tem um caráter de ruptura: atendendo às expectativas do discurso empresarial, os produtos, no caso cores, tecidos e formas, precisam ser deixados para trás para que novas cores, novas formas e novos tecidos possam sobrevir. Mas as rupturas não são totais: algumas vezes mudam as cores, mas as formas não; outras vezes mudam as formas, mas as cores não; outras vezes mudam os tecidos, mas as formas não; e assim por diante. E, algumas vezes, não mudam as cores, mas suas denominações. Da mesma forma é com o "saber" a respeito dos produtos e dos consumidores. A mesma ruptura observada com os produtos pode ser observada com esse "saber", que precisa constantemente ser deixado para trás para que novos "saberes" sobrevenham. Trata-se de um discurso, portanto, que, à diferença do discurso profético, se caracteriza pela rotinização da ruptura na forma de "saber". A função desses *bureaux* é gerar esse "saber" capaz de identificar a "fonte" do poder mágico que habita os produtos, dizer quais as mudanças ocorridas ou que estão para ocorrer e divulgá-las aos empresários do setor. Um dos serviços promovidos pela Abravest a seus associados é exatamente esse, a divulgação de tendências, das quais podemos ver um exemplo abaixo:

Fashion Feeling

(Cores Expofil + peixe) Do salão de fios Expofil, Paris, os tons de frutas, flores e doces são a grande pedida do consumidor de amanhã: aposte em todos os tons de lilás, azulados que tendem ao violeta, a verde água (*lagoon*), aos rosados de especiarias – coral, goiaba... – e provoque com uma pitada de amarelo: contraste de verão!

Monsoon, Londres, aposta em listras à toda prova, irregulares, em tons retrô, apostando muito no casamento de marrom, cru e vários tons de azul (...).

Fonte: Revista *Abravest*, coluna do consultor de moda Amauri Marques, da *Moda Mundi*, ano IX, nº 59, julho de 1997.

O discurso da tendência de moda alicerça-se, por um lado, na sua consonância com o discurso empresarial, ou seja, na crença de que se está falando do "consumidor de amanhã", e, por outro, numa informação propositalmente vaga. Propositalmente porque não se trata de um "acaso", mas não se trata também de algum tipo de manipulação ou de engodo. Há motivos bastante claros para que a informação tenha essas e não outras características. Esse é o ponto, contudo, em que não há consonância com o discurso empresarial. O caráter vago das informações faz com que elas se choquem com as expectativas dos empresários. Isso fica visível no encontro entre estes e a consultoria de moda. O consultor Amauri Marques, citado no exemplo anterior, fez uma apresentação na sede da Abravest para parte dos associados, aqueles ligados à produção de tricô, sobre quais seriam as tendências da moda primavera/verão 1997/98. Muito se falou sobre malharia retilínea, transparências, sensualidade feminina e sobre os novos cortes das roupas, mas pouco se falou sobre o tricô. Isso fez com que uma das confeccionistas se levantasse e perguntasse, num tom de indignação e de preocupação intraduzíveis para este texto escrito: "Mas e como é que fica o tricô!?". A sua frase condensava toda a *ansiedade* de que o poder de distinção de seu produto poderia ser transferido para outro lugar, a *expectativa* de que esse poder de vendagem e de distinção pudesse ser restabelecido, e a *crença* de que essa transferência seria antecipadamente anunciada depositada sobre o consultor de moda. Momentos depois da palestra, quando os confeccionistas não estavam mais presentes, o consultor lamentou a falta de visão e de criatividade dos empresários brasileiros em geral.

Seja no episódio citado acima, seja no discurso "oficial" da instituição de representação, está-se diante de expectativas e de valores específicos que imprimem um sentido próprio tanto para as cobranças quanto para os critérios que permitem definir as regras de aceitação das informações veiculadas pela consultoria de moda. A pergunta básica de tais empresários é a seguinte: qual é – ou será – o "desejo" do consumidor? Afinal de contas, o que esses consumidores "desejam" consumir? O que pode ou não suscitar a pergunta é, evidentemente, a ignorância sobre esse consumidor. Assim como a crença na fluidez desse consumidor denota a mesma ignorância, uma vez que ela – a crença – é a forma sob a qual vemos a incerteza e a fluidez da informação a seu respeito. A pergunta sobre o "desejo" do consumidor, central para que se possa entender o posicionamento de tais empresários, só pode ser respondida com base em determinados valores já instituídos e compartilhados pelos empresários e pela sociedade em geral. A questão aqui é, portanto, identificar quais são esses valores e a forma pela qual eles puderam imprimir uma racionalidade própria às informações e ao relacionamento entre empresários e consultoria de moda.

Parte desses valores, e da racionalidade que aqui é gerada, encontra-se depositada na crença de que a informação pode ser objeto de uma previsão, de que, por meio do uso de instrumentos ou de modelos de registro e de mensuração, pode-se dominar tudo, de que não há nenhum poder misterioso e imprevisível que interfira no curso de nossas vidas. Aos olhos de quem permanece indiferente aos fatos como tais, o conhecimento só tem importância desde que represente uma tomada de posição prática[1]. Tal indiferença não se expressa apenas pela postura adotada por tais empresários, mas também pela própria informação por eles consumida. Como é o caso, por exemplo, dos cartazes de divulgação da tendência primavera/verão 1998/99 do Arena Bureaux de Estilo, representante no Brasil da Promostyl[2]. Neles pode ser visto, dentre as várias tendências indicadas, uma designada como "força", acompanhada das seguintes referências: *infantil*: de volta ao esporte, *workwear punk*; *masculino*: elegância atlética, casual controlado; *feminino*: novo conceito de conforto, *workwear* aflanelado. Outra, designada como "otimismo", vinha acompanhada das referências: *infantil*: descontração divertida, *skate* figurativo; *masculino*: construções funcionais, *sport* para cidade; *feminino*:

---

[1] Para uma discussão mais detalhada disso, ver Weber (op. cit.).
[2] A *Promostyl* foi o primeiro *Bureau de Estilo* criado, e continua sendo, desde sua criação, um dos principais indicadores de tendências de moda de âmbito mundial.

eficiência e humor, tecnológicos e minimalistas. É uma linguagem que permite ao *bureau* não correr riscos: fornece informações vagas, porém redundantes, e desvencilha-se da responsabilidade sobre as aplicações possíveis desse "saber".

Mas é também função desses *bureaux* garantir aos empresários, que compram suas informações, o domínio do mercado. Há anos os ídolos dos esportes, em especial da Liga de Basquete dos EUA, fazem sucesso em todo o mundo e servem de referência aos jovens, em especial dos grupos que se caracterizam por um menor poder aquisitivo. Como foi dito anteriormente, atendem a um sentido específico que se caracteriza pela acentuação de traços de caráter pessoal, no caso a força física, e pela escolha do esporte (além da música e das novelas de televisão) como caminho possível para a afirmação individual (em detrimento da afirmação da posição social).

Se todo um contingente populacional que crê unicamente na atribuição de qualidades pessoais, com um evidente destaque para a agressão e a força física, tem crescido é porque crer é a alternativa que resta aos indivíduos, uma vez que o acesso aos meios considerados legítimos de promoção e reconhecimento social é restrito, em um sistema que premia o valor individual de alguns, a poucos grupos[3]. O que o mercado de moda faz, a sua maneira, é indicar que qualidades tais como agressão e força física estão cada vez mais sendo tomadas como símbolos atribuidores de valor para as pessoas. Sempre foram, mas cada vez mais tornam-se palavra de ordem e objeto de culto. Alheios a toda essa situação de exclusão, os *bureaux* encaram a situação com muito "otimismo", uma vez que, para a linguagem de "tendência de moda", o que está acontecendo é, tão somente, que as pessoas estão "acreditando mais em si mesmas".

Tais crenças imprimem uma direção própria às cobranças feitas pelos empresários do setor. A primeira delas é de que a previsão seja visível sob formas específicas: detalhada e mensurada. As informa-

---

3 Sobre a ausência de uma cidadania fundada em direitos no Brasil e sobre o aumento da exclusão social, ver Telles (1994; 2006).

ções não podem, evidentemente, derivar do nada. Há um instrumento responsável pela previsão que recebe o nome de "pesquisa". Há também determinados indivíduos que são responsáveis por essa obtenção de informações. Em sua grande maioria são indivíduos ligados à arte e que assumem o papel de "agentes captadores" das transformações sociais. Não importa, no momento, como são feitas essas pesquisas, mas simplesmente o fato de que ela serve de chancela para a previsão, que então passa a ser vista como resultado da observação e da mensuração. É necessário, principalmente, que a informação seja aplicável economicamente de forma a promover a empresa.

As empresas, em função disso, trabalham para produzir aquilo que a "pesquisa" anunciou como "conhecimento". Dentro de dois anos encontraremos no mercado tudo aquilo que os *bureaux* haviam dito que as pessoas comprariam. Mesmo que as pessoas queiram comprar algo diferente, é o resultado da previsão que estará disponível no mercado. A consequência, portanto, não é que o *bureau* acertou a previsão, mas que os empresários, em função da crença de que estavam diante de um instrumento de conhecimento sobre o consumidor, fizeram o esforço, como resultado óbvio, de *conferir realidade* à "previsão". E não se trata de aparelhar o mercado para produzir algumas poucas peças de roupa. A informação de tendência cobre toda a cadeia, desde a produção de fios e tintura até a roupa que será comprada em uma loja ou encontrada em alguma revista de moda[4].

Não se trata, como já foi mencionado, nem de uma imposição pura e simples, nem de alguma forma de manipulação ou, mesmo, por parte dos consultores de tendências, de algum engodo. Há, como foi dito anteriormente, uma hierarquia de informações. No Brasil inexistem *bureaux de estilo*, as informações que circulam são provenientes de grandes departamentos de pesquisa de tendências franceses. A hierarquia mencionada corresponde à estrutura de fluxo dessas informações. O acesso direto a elas atinge cifras que muitas

---

4 Para um maior detalhamento da cadeia, ver o livro da fundadora da Promostyl, Vincent-Ricard (1989).

empresas não podem pagar. O preço de um caderno de tendências, dependendo de sua origem, da empresa que o organizou, pode variar entre US$ 1.500,00 e US$ 250.000,00 (preços comercializados pelo Arena Bureau de Estilo). Há serviços de divulgação dessas tendências promovidos por entidades do setor, como é o caso da Abravest, ou por revistas dirigidas aos empresários, como a *Revista da Abravest* faz atualmente ou como o *Guia Oficial da Moda* fez durante muitos anos, principalmente na década de 1970. A responsabilidade pela divulgação das tendências de moda do *Guia* era de Lais Pearson, profissional que, mais tarde, ajudou a fundar as principais escolas de moda do país, como a Santa Marcelina, a Anhembi Morumbi e a Unip. Em entrevista cedida ao Nidem (Núcleo Interdisciplinar de Estudos de Moda)[5], Lais comentou que, para divulgar as tendências, ela ia até as principais feiras internacionais, ocorridas na Europa e cujo palco central era Paris, e reunia as informações veiculadas pelos principais *bureaux de estilo*. Perguntei-lhe que garantias ela oferecia aos empresários de que aquelas eram informações confiáveis, de que a sua pesquisa pessoal era um instrumento fidedigno, pergunta que, eu suponho, devesse ser a mesma que os empresários lhe faziam. Se me recordo bem, foi a única pergunta à qual ela se mostrou tensa para responder, sinal evidente que a posição ocupada por ela, de intermediação entre a fonte das informações e os empresários que as consumiam, era igualmente tensa:

> Basicamente, eles tinham que seguir aquilo que os *Cadernos de Tendência* estavam editando. Eles acreditavam naquilo que aquela pessoa estava publicando. Agora, eu sempre fiz questão de explicar: aquela é uma tendência, isso não significa que vai acontecer! Você não pode dizer que uma coisa vai acontecer 100%. A tendência é cor de laranja, mas no meio do caminho...

---

5 O Nidem/Núcleo Interdisciplinar de Estudos de Moda, do qual fui integrante, era composto por uma equipe interdisciplinar de pesquisadores, recebia apoio financeiro da Fapesp e estava sediado na Unip. A entrevista de Lais Pearson e a de Carlos Mauro, citado mais adiante no texto, foram cedidas para integrar um banco de dados que o Nidem tinha por responsabilidade organizar e cuja finalidade consistia em escrever a *Memória da Moda no Brasil*.

Lais Pearson durante entrevista realizada no Nidem, em 1999, para o projeto *Memória da Moda no Brasil*.

(...) geralmente, aquilo que a gente dava como tendência, acontecia. Se não 100%, pelo menos 90%. O meu *Caderno de Tendências* era pesquisado em cinco, seis feiras. Eu tinha o trabalho, a síntese, de cinco, seis feiras de moda da Europa. Então eu fazia o meu *Caderno* e normalmente as coisas batiam.

Obviamente, a fidedignidade da informação está atrelada à fidedignidade dos próprios *bureaux* que serviram de fonte para consulta. Passado algum tempo, Lais podia, então, confirmar suas informações: era exatamente aquilo que o mercado estava produzindo, era exatamente essa a "tendência". O caráter totalizante da informação não provém, portanto, de uma manipulação lúcida do mercado, mas da *homogeneização da informação da tendência* com base em certos valores aceitos por todos ali envolvidos no jogo. Há um *efeito de realidade* que a previsão consegue obter e que está diretamente ligado à homogeneização dessa informação. Obviamente, os profissionais ligados ao setor de venda de informações, aqueles que não estão diretamente relacionados à atividade de gestão das pesquisas de tendências, ignoram que sua atividade não consiste em "captar" as transformações sociais, mas sim em homogeneizar um dado conjunto de informações e que essa homogeneização tem efeitos muito específicos. Isso se deve, evidentemente, a um mecanismo de circulação de informações, onde apenas algumas delas circulam, e a uma predisposição para aceitá-las, já que só elas circulam, como *a* informação por excelência, *o conhecimento stricto sensu*.

A conclusão mais divulgada e aceita, diante desse quadro, é de que as empresas do setor "ditam" a moda. Não se trata disso. Como se pode ver, há valores e crenças em jogo que criam uma disposição para aceitar a "previsão" como uma informação fidedigna. Aos olhos dos empresários há uma única informação que circula dentro dessa rede e que faz referência direta ao "desejo" do consumidor. Mas, ao circular essa informação, circulam também todas as certezas envolvidas com as crenças e os valores que lhes servem de suporte. Circula a certeza de que a previsão é possível; a certeza de que a seriedade de uma pesquisa pode ser encontrada em seus traços aparentes, observáveis, ou seja, de que se trata de uma pesquisa, desde que se assemelhe a uma; a certeza de que a seriedade e o significado de uma pesquisa assim residem na sua aplicação prática; e a certeza de que a legitimidade das informações está atrelada à legitimidade dos próprios informantes de estilo, de que há indivíduos dotados do talento capaz de captar as transformações sociais. O efeito de realidade provocado pela homogeneização da informação faz com que todas essas crenças, todos esses valores, se transformem em certezas indubitáveis.

Estilismo

Os *Cadernos de Tendências,* dos quais as empresas fazem uso, são a materialização da racionalidade específica que regula a relação entre a fonte da informação e a sua aplicação prática. É impossível compreender essa relação sem levar em conta que ela seguiu um caminho específico cujo resultado final foi uma solução material, palpável: o *Caderno*. Interessa, portanto, o fato de que tais *Cadernos* são uma resposta direta a uma série de certezas que estão em jogo e que assumem a forma de pressões sociais depositadas sobre aqueles que geram as informações ali colocadas. Mas não há uma resposta apenas, há várias. Trata-se de um processo relativamente longo em que, a cada passo, uma certa resposta era dada, e assim criava condições para que outras pudessem ser dadas posteriormente. Como em qualquer outro processo, há pessoas envolvidas e suas ações individuais precisam ser constantemente sancionadas por mecanismos sociais específicos que direcionam cada ação, cada julgamento, cada atribuição de prestígio, cada procedimento de análise e de aceitação. Evidentemente, cada uma dessas ações estava atrelada à posição ocupada por essas pessoas dentro da estrutura social e, mais especificamente, do campo da moda ou de outros campos que com ele poderiam estar diretamente interligados.

Havia uma posição, dentro dessa estrutura, que podia ser considerada como central por diversos motivos e que era ocupada por Carlos Mauro de Fonseca Rosas. Quando o conheci, ele era então professor da disciplina de estilismo da Faculdade de Moda Santa Marcelina. A posição por ele ocupada era central não porque dele irradiavam todas as modificações sofridas pelo campo da moda. Como já vimos, a questão mais irrelevante para que se compreenda o campo da moda talvez seja aquela atrelada à ilusão de crer que nele há um centro. A posição por ele ocupada era central no sentido de que para ali eram canalizados quase todos os conflitos que envolviam profissionais da arte e da indústria, as expectativas de uns e de outros. E porque essa posição centralizou todos esses conflitos desde o instante em que os *Cadernos de Tendência* apareceram, quando estavam no seu formato mais embrionário, até adquirirem o formato atual. Funcionário da Rhodia S. A., ele era o responsável pelo serviço de Orientação de Moda da empresa a seus clientes. A Rhodia foi responsável pelos maiores investimentos em moda feitos no país no final da década de 1950 e ao longo das décadas de 1960 e 1970[6]. E o departamento de Orientação em Moda, surgido no início dos anos 1970, representou não só um serviço a mais de marketing da empresa a seus clientes diretos, empresários de malharia e confecções, mas também um esforço de sistematização de informações. Central também pelos valores que ele carregava consigo, ligados à criação artística. Nele estava depositada a crença de que o artista, ou alguém que fizesse a intermediação com outros artistas, era capaz de captar as transformações sociais. Carlos Mauro fazia a intermediação entre um elo e outro da cadeia, entre a gestão de informações, o que envolvia artistas e criadores, e seu consumo, feito por empresários que exigiam informações detalhadas e que pudessem lhes dar uma certa garantia para serem, então, aplicadas na confecção de produtos.

---

6 Sobre os investimentos da *Rhodia S. A.* em moda na década de 1960, veja Bonadio (op. cit.).

Carlos Mauro e Solange Wajnmam, coordenadora do Nidem, preparando-se para a entrevista do projeto *Memória da Moda no Brasil*, em 1999. Abaixo, Carlos Mauro durante a entrevista.

Cada passo da trajetória, tanto profissional de Carlos Mauro quanto da sistematização de informações nos *Cadernos de Moda*, corresponde a cobranças específicas, por parte dos empresários e dos artistas envolvidos, e a respostas possíveis dentro daquele dado contexto. Da mesma forma como pudemos ver antes, no caso da trajetória de Alexandre Herchcovitch, de quem Carlos Mauro foi professor, estamos diante de um percurso individual que nos mostra, a cada ação e posição adotadas, todos os mecanismos sociais em jogo para sua aprovação. A questão central aqui é, mais uma vez, identificar esses mecanismos sociais e tentar entender como eles foram, ao longo do tempo, capazes de gerar uma racionalidade própria sob a qual se pauta a obtenção de informações das tendências e a criação industrial de moda. Para tanto, é necessário identificar os mecanismos sociais que estavam em jogo no início da trajetória.

> Nós, brasileiros, aprendemos que havia uma questão de moda. Isso, posso dizer, se democratizou, então passou a ser linguagem... da linguagem do dia a dia: moda, moda. Foram aparecendo na imprensa nomes como Dener, Clodovil, Fernando José, José Nunes... E eu aprendia que toda aquela divulgação era feita pela Rhodia S.A. E eu aprendia uma linguagem diferente: tergal, crilor, rodosal (...). Nós, vamos dizer, a minha geração aprendia o que era desfile, o que eram feiras, e passou a ser assim um ponto de convergência da "sociedade", naquela altura no Parque Ibirapuera, pra ver uma "beleza expressiva" do têxtil. Isso foi a partir do fim da década de 1950, ao longo de 1960.

Há três informações centrais que, tanto quanto organizam as memórias e o depoimento de Carlos Mauro, mostram que são elas que conferem um significado maior àquele contexto ao qual ele faz referência. A moda, naquele momento, estava diretamente ligada à "sociedade", àquilo que veio a se chamar de "beleza expressiva do têxtil" e à "imprensa". Estava, portanto, associada à arte, aos símbolos expressivos de uma "alta cultura" e a um mecanismo de divulgação e legitimação de tais símbolos. As associações estabelecidas entre tais informações e seus significados específicos vão imprimir um rumo particular à trajetória profissional de Carlos Mauro, desde o momento em que ocorreu sua escolha para o cargo que veio a desempenhar na Rhodia. Vão também imprimir um rumo específico à racionalidade que vai advir do encontro entre consultoria de moda – aquela que gera informações, não a que as divulga simplesmente – e empresários. Vejamos isso passo a passo:

> Houve uma comunicação de que a Rhodia queria, isso correu na Fundação Álvares Penteado, onde eu estudava, fazendo Artes Plásticas, e me especializando em Comunicação Visual. Àquela altura um colega nosso nos falou que a Rhodia queria um elemento que tivesse formação artística para atuar na área de publicidade. Essa seleção seria feita pelo Cyro del Nero, que era proprietário do Studio 13, na Treze de Maio, e, era cenógrafo, premiado, na década de 1960, pela Bienal de São Paulo, e eu fui selecionado pelo Cyro para ser assistente do Lívio Rangan, que era o chefe da publicidade Rhodia.
> (...) Eu fazia Artes Plásticas, era amigo de Augusto Lívio Malzoni, era amigo de Naum Alves de Souza, que veio a se tornar um dramaturgo conhecido. Ele desenvolveu um estúdio que se chamava Pod Minoga (?), do qual faziam parte o Carlos Moreno, que é o "Bom Bril", não é?, a Mira Haar, o Carlos de Souza. A dinâmica que eles tinham, vamos dizer, de criação, era muito rica, muito interessante, envolvente, não é? Na Rhodia eu podia, vamos dizer, concorrer com o Naum, cedendo, vamos dizer, modelos, de antigos shows realizados pela Rhodia.

A EXPERIÊNCIA DO STATUS 165

Desenho de Carlos Mauro em exposição realizada na Faap durante o período em que lá estudou. Ao seu lado estão Nilza Corumba e a Condessa Annie Álvares Penteado. Foto cedida por Carlos Mauro.

As associações estabelecidas determinam as condições específicas que irão direcionar a escolha dos profissionais para ocuparem aquelas posições. Essa escolha tanto depende da crença no valor indubitável depositada sobre os representantes legítimos da arte e da cultura quanto a reforça pela reafirmação que a própria escolha envolve. Não se trata, em nenhum momento, de uma crença ingênua que fecha os olhos para o que acontece ao redor. Ao contrário, constantemente a atenção de tais pessoas precisa estar centrada exatamente ao seu redor. Cada uma das ações dos indivíduos envolvidos, deliberadamente ou não, precisa sofrer uma sanção social, precisa expressar seu grau de adesão a uma série de valores difundidos e aceitos pela sociedade como um todo. Há um mecanismo que gera as informações necessárias para que as crenças em jogo assumam o aspecto de "certezas". É o mundo das celebridades, da arte em geral, e é o mundo também onde está situado o controle das informações, daquelas tidas como legítimas. Ali estão todos aqueles que são responsáveis diretos pela veiculação, em grande escala, de informações, jornalistas que fazem circular a notícia de que ali está a notícia, de que aquelas pessoas, seus valores e suas certezas é que são a notícia. Não se trata de uma manipulação deliberada de informações, mas do resultado da crença no milagre da personalidade de cada uma daquelas celebridades, como se esse milagre não fosse a expressão clara desse mecanismo de seleção e de reprodução de informações, e no valor indubitável da "arte" e da "alta cultura". Os investimentos realizados expressam os valores compartilhados por todos e definem os procedimentos para que cada um desses investimentos possa ser socialmente aceito. Isso tanto no nível individual quanto no empresarial, pois as ações deflagradas precisam, não importando sua fonte de origem, de uma sanção, de uma aprovação e de uma aceitação num âmbito socialmente mais amplo.

> A Rhodia era, a meu ver, o que é uma Globo hoje, porque eu cheguei a ler um texto do Lívio Rangan informando à direção qual era a filosofia do trabalho dele, os objetivos para a publicidade Rhodia. Era de que, associando as marcas de qualidade Rhodia a tudo aquilo que

ocorria no campo social, artístico, na literatura, no cinema, na música popular, nas artes plásticas, essas marcas adquiriam um significado, uma imagem mais de impacto para o mercado.

(...) Então, por exemplo, assim, Sinfônica de São Paulo, a Rhodia promovia; os festivais de música popular brasileira, onde surgiram Elis Regina, Caetano, Gil, toda essa turma, promoção da Rhodia. Ela solicitava da Publicidade Rhodia, mais Cyro del Nero, do Studio 13, que ele dirigia; o Standard, eles... O grupo Standard, eu me refiro a um grupo de promoção que trabalhava para a Rhodia. Havia o Licínio de Almeida também. Eles solicitavam aos artistas plásticos que desenvolvessem estampados. A Rhodia estampava em bases de tecidos feitos com artificiais ou sintéticos, cedia para os costureiros, os costureiros criavam então modelos, ela fotografava tudo isso no Studio 13, do Cyro del Nero, e isso era enviado para, divulgado para as revistas existentes. Muito importante era a Joia, da Editora Bloch, surgia a Cláudia também, foi estritamente ligada à estruturação das revistas de moda brasileiras, como seria uma moda Rhodia para...

(...) Aonde começava a aflorar algo novo, vamos dizer, fosse na música, nas artes plásticas, no cinema, ela implicava a Publicidade Rhodia promovendo suas marcas de qualidade.

Acima, Mila Moreira, uma das mais importantes manequins da Rhodia nos anos 1960, durante a abertura da exposição "Consumo – Cotidiano e Arte", organizada por Cyro del Nero e realizada pelo Centro Cultural Itaú de São Paulo, em novembro de 1999. Abaixo, quem aparece de costas, à esquerda, conversando, é Carlos Mauro, enquanto, à sua direita, Cyro del Nero e Mila Moreira posam para uma foto.

As imagens de impacto eram, para todas essas pessoas que estavam ali diretamente envolvidas, necessariamente, as imagens artísticas e das celebridades. Os valores aqui envolvidos, aqueles ligados à "alta cultura", vão determinar a escolha dos símbolos de representação pertinentes a esses investimentos. Reparem como o termo "qualidade" só é utilizado quando sinônimo dos símbolos de representação dessa "alta cultura". Os investimentos feitos pela Rhodia na área de moda herdaram as associações que já estavam então estabelecidas. Não se tratava de "inventar" uma qualidade para aquelas marcas ou aqueles produtos, mas sim possibilitar que a eles fossem agregados valores já difundidos e aceitos socialmente. E não haveria nenhum investimento na arte e na alta cultura se as pessoas responsáveis por tais investimentos não compartilhassem exatamente esses, e não outros, valores. Ou se elas não compartilhassem também a crença no carisma de tais celebridades. São elas que emprestam, a cada um desses produtos, o milagre da sua assinatura, seja na forma direta de criação, seja na forma de participação no mundo da moda:

> (...) Muito importante era o Alceu Pena, muito importante. Ele que desenhava as coleções que caracterizavam a Seleção Rhodia Moda. Havia uma equipe de manequins exclusivo da Seleção Rhodia Moda, havia uma equipe masculina e uma equipe feminina. A Mila [Moreira], que hoje é da Rede Globo, foi uma das vedetes da Seleção Rhodia Moda. E o Alceu desenhava as coleções, depois elas eram confeccionadas numa confecção que inclusive chegou a ser montada pela Rhodia (...) para a produção de seus shows. Tinha também o Hélio Martinez (...). Os textos desses shows eram de Millôr Fernandes, Carlos Drumond de Andrade... Ela sempre, sempre, sempre, ela catalisava tudo aquilo que era a qualidade do momento.

O efeito óbvio desse interesse em catalisar "a qualidade do momento" é que a empresa gerava um mecanismo de circulação de informações não só concernentes à moda, mas a uma própria concepção do que fosse considerado como cultura legítima. Sem dúvida, a ligação que os vários estilistas de hoje têm com a arte é proveniente das ideias que estavam em jogo nesse período e que foram tão amplamente divulgadas ao longo do tempo. Há uma ligação com a arte, evidentemente, mas há também uma ligação com os mecanismos específicos de reconhecimento dessa arte para que ela pudesse ser considerada legítima. Desenvolve-se, além disso, a noção de que a roupa, ou determinados tipos de roupa, é expressão direta de uma cultura tida como legítima e superior.

É dentro desse contexto, portanto, que Carlos Mauro foi, de certa forma, atirado. Elias[7] define essa situação de forma magistral quando diz que as pessoas são como partículas arremessadas entre campos de força sobre os quais elas não têm controle, sendo que sua posição ali vai depender das forças específicas exercidas por tais campos e de seu comprometimento com um ou outro ao longo do tempo. Essa talvez seja a melhor metáfora para definir a posição que cada um de nós ocupa nos diversos momentos de nossa vida, e também para definir a posição que passou a ser ocupada por Carlos Mauro. Ele situava-se exatamente entre dois campos específicos de força. De um lado estavam aqueles ligados à arte e à alta cultura, das quais ele era também representante, e, do outro, empresários para quem só uma tomada de posição prática teria significado. As primeiras reuniões entre um elo e outro da cadeia mostravam que se tratava de um jogo cujas regras estavam menos nas respostas apresentadas e mais nas crenças ali depositadas.

> A Rhodia, desde 1969, 1970, por solicitação dela, uma vez que, um, digamos assim, um conjunto de papéis sulfite com croquis, saquinhos com tecidos, saquinhos de plástico com tecido, e um cartão mais rígido que os profissionais diziam que era bristol, com uns pedacinhos de cores, não é? Nas primeiras reuniões de promoção de tendência para os clientes Rhodia, depois de um tempo era uma bagunça total, porque sulfite pra lá, pedaço de cor pra lá, uns trapos lá no chão...

Tratava-se, como se pode ver, de um momento onde as informações a serem passadas não assumiam um formato definido. Parece

---

7 Cf. Elias (1995, 2001).

estranho, para quem já teve algum contato com os *Cadernos de Tendências* atuais, supor que antes eles eram apresentados em sulfites com pedaços de papéis coloridos grudados. A característica principal de tais apresentações era, sem dúvida, a margem para indefinições que ela deixava. Além disso, percebe-se claramente que se está diante de duas racionalidades totalmente diferentes. De um lado, a racionalidade artística, que busca captar e compreender as transformações sociais. Não havia, naquele momento, uma definição precisa do que poderia ou não ser captado, compreendido e atribuído às mudanças sociais. Não significa, também, que algum dia tenha havido, ao menos com o significado esperado para essa captação. No entanto, havia o esforço de tentar identificar mudanças e traduzi-las para uma linguagem que pudesse ser compreendida artisticamente. A que mais salta aos olhos é, sem dúvida, aquela que faz uso das cores. Elas serão, ao longo do tempo, transformadas em emblemas distintivos de grupos, sendo que a eles outros serão adicionados. O formato mais conhecido e divulgado é, atualmente, aquele que encontramos nas revistas de moda e que associam cores, roupas, cabelos, maquiagens e ambientes a grupos específicos. E, de outro lado, a racionalidade empresarial, que ignora os fatos enquanto tais, só vê significado na informação desde que ela tenha alguma utilidade prática e crê que ela seja passível de uma previsão. Em função da posição estrutural ocupada por Carlos Mauro, a principal marca de sua trajetória é exatamente a tensão constantemente presente oriunda das expectativas das duas racionalidades em jogo. Mesmo num momento posterior, quando as informações já não vinham mais em pedaços de papéis coloridos colados a papéis sulfite:

> Por exemplo. Eu sei através de Françoise-Vincent. Por exemplo, aqui, numa reunião com fabricantes de camisa, e eu passando a atuar no serviço de Orientação de Moda, estavam assim numa grande mesa, no Rio de Janeiro, empresários assim [indicando com um gesto o espaço a sua frente] fabricantes de camisaria masculina. Não sei porque tinha um canto aqui [indicando o espaço a sua esquerda] onde ficava o Carlos Cavalcante, gerente de marketing, escondidão da plateia e me

estimulando pra vender as tendências Rhodia com credibilidade, não é? Então, por exemplo, estava escrito assim com croqui: "colarinhos mais pontudos, mais longos". Aí, eu então: "os colarinhos serão pontudos e mais longos". Um fabricante, que tinha uma marca chamada Manhattan, perguntou: "quantos centímetros?". Eu não sabia quantos centímetros. Eu havia lido numa revista que, na Suíça, chegava a 9 cm. Eu respondi isso: "tenho conhecimento que na Suíça chegava a 9 cm". Aí, a contrapartida é que nós escrevíamos, mandávamos telex pedindo pra Promostyl que as informações viessem com um maior detalhamento, pra que nós pudéssemos estar fundamentados e não tratar assim... sobre produtos fantasiosos. Eu acho que isso ocorria também na França. Todo mundo exigia diante do desconhecido, que era a essa altura já o tal de estilismo. Todo mundo exigia, praticamente, receitas.

O fato é que o choque entre essas duas racionalidades veio a possibilitar, ao longo do tempo, que uma nova racionalidade daí adviesse e apresentasse, como herança, traços tanto de uma quanto de outra. A questão central para os empresários, como já vimos, é saber antecipadamente qual é o "desejo do consumidor", o que ele pretende comprar em um futuro imediato. Cabia, aos artistas envolvidos com a criação, e que deveriam captar as transformações sociais, identificar o que seria esse futuro imediato. Cabia a eles, também, traduzir essa informação, o "desejo do consumidor", em uma linguagem que pudesse ser apropriada pelos empresários e que lhes possibilitasse dela fazer um uso prático:

> (...) Isso foi, ao longo das décadas, foi sendo levado em consideração. Mas no início foi assim uma busca disso. (...) o escritório de estilo fornecia documentação, matérias, quer dizer, tecidos a serem desenvolvidos, em algodão, em lã, em seda pura, e nem sempre, naquele momento, era viável ser desenvolvido. (...) Mas foi um aprendizado, inclusive dado o aspecto de um contato visual ou táctil correspondente a um desejo de consumidor tanto em produtos naturais, artificiais ou sintéticos. Então, se havia um desejo, vamos dizer, de "coco ralado", de uma matéria que tivesse o aspecto assim... Se tratava de interpretar isso... no algodão...

Há um abismo entre a fonte da informação, aquilo que recebe o nome de tendência, e sua aplicação prática, o estilismo. O que se tentou fazer, ao longo desse tempo, foi preencher esse abismo. A racionalidade que advém dessa relação está centrada, como já foi dito, menos nas respostas e mais nas crenças que estavam sendo acionadas ali. Há a crença de que a informação pode ser resultado de uma previsão, de que não há nenhum poder misterioso e imprevisível que interfira no curso de nossas vidas. E há a crença exatamente oposta de que a previsão é um poder misterioso, de que só determinadas pessoas dotadas de características específicas é que podem realizá-la. Surge, desse contexto, uma categorização própria para a fonte de informações da tendência. Sua legitimidade advém do fato dela ser resultado da sensibilidade desses diversos artistas, com seus próprios critérios para o que pudesse ser considerado como "percepção" do mundo a sua volta:

> Com a minha formação artística, depois voltada para a Comunicação, era natural que eu vibrasse com tudo que era ligado ao criativo, ao novo. O estágio na Rhône Poulenc me fez ver que tudo isso tinha que ser domado, vamos dizer, colocado sob parâmetros e junções industriais, comerciais e política de marcas... Agora, eu também vibrava muito com o que estava sendo caracterizado como criação industrial. (...) E, naturalmente, a minha pergunta: de onde saía tudo aquilo? No escritório de estilo vendo ou cartelas de cores ou a estamparia ou os croquis, eu também me perguntava d'aonde surgia tudo aquilo. Promovendo para a clientela Rhodia essas informações, eles também começavam a perguntar d'aonde vinha tudo aquilo. Pra quem tinha uma formação mais artística, tinha vivências assim como as que eu tive, como admirador do Naum Alves de Souza, o jeitão do arquiteto e artista plástico Augusto Lívio, o desenho fabuloso de Sandrinha Abdala, que fazia as ilustrações do Jornal da Tarde. Quando eu fui conhecer o estúdio Berson, foi impressionante, não tinha novidade nenhuma pra mim, porque isso era o que eu vivia aqui através dessas pessoas conhecidas, mais amigas ou menos amigas. Não havia aqui, vamos dizer, uma estrutura que absorvesse essa criação, que se comercializasse e se divulgasse isso. É o que a França fazia. Um Pod Minoga (?), Paris, naquela época, sem dúvida daria subsídios

que viriam a caracterizar uma tendência de moda, porque tudo. Primeiro, são pessoas que não têm uma vida, vou chamar de... tranquila, vamos dizer, são pessoas inquietas, não é?, isso que caracteriza muito o artista. Inquietas, ávidas do novo, ávidas de superar o último impacto que tiveram, seja no cinema, na televisão e tudo isso. Isto, uma vez que se tratava de uma criação a ser absorvida pela indústria têxtil e de confecção, a imprensa caracterizando uma nova estética industrial, diferente da estética artesanal, alta costura, não é mesmo?, exigia que esses dados criativos, que essa criação fosse canalizada conforme os interesses da massa, os fabricantes de produtos pra massa, de editoras que tinham revistas que tocavam a massa e que eram vendidas, chamavam na França, em quiosques. Então essa tal de criação ela era, numa primeira etapa, bruta. Vamos, dizer, eu vi uma caixa de pó de arroz dos anos 1930, *art deccó*, transformada, sendo decomposta numa cartela de cor, numa seleção de matérias, em desenhos para estamparia, um vez que haviam pássaros entrelaçados, esses pássaros caracterizaram "n" desenhos para estamparia, e os modelos desenvolvidos caracterizando um estilo *art deccó* numa coleção de *lingerie* para a Rhodia Brasil, para fabricantes de *lingerie*. Enfim, eu pude aprender do bruto até o produto final dois anos depois lançado num navio, que foi o Rode da Fonseca, através dos fabricantes nylon sul, Valisère naturalmente, que era ligada ao grupo Rhodia. Então você via. E pude ter a oportunidade de ir à Nápoles com Arlette Lacour, que era diretora de criação da Promostyl, com Dominique Chavanneau, que também era diretora, vamos dizer, superiora da criação para Brasil, me levaram a Nápoles porque uma, um grupo de famílias num lugarejo estava sobrevivendo vendendo estoques da época da guerra. Arlette havia feito amizade com um motorista de táxi, era assim desbravar, e com muito cuidado, porque havia muito perigo, uma fonte de documentos novos e diferenciados e que vieram a dar origem a *lingeries* estilo 1900, camisas masculinas características da década de 1950. Você aprendia que havia aquela criação bruta e essa outra criação, ou estilismo, que adaptava essa criação bruta aos condicionamentos da empresa, levando em consideração o mercado, enfim, o aspecto econômico...

É exatamente essa "superação" em jogo que une as duas racionalidades, embora por motivos totalmente opostos. De um lado, o caráter fluido da criação de tais artistas, pela própria exigência específica do campo da arte de que tudo precisa ser superado, de que suas experiências cotidianas só continuam tendo significado desde que se abram a "novas possibilidades", "novos impactos", desde que possam ser definidas pelo caráter de "exceção" que elas possam ter[8]. De outro, as expectativas dos empresários e a crença de que o consumidor, assim como o conhecimento (ou a ignorância) a seu respeito, é fluido, de que há um poder mágico que habita um produto, mas que ele se transfere, passa para outro produto ao qual deve-se chegar por meio de algum mecanismo. Em ambos os casos está em jogo uma certa superação: de um "estado de coisas" por outro, para os artistas; de um produto velho por um novo, para os empresários. Não há, como se pode ver, uma concordância entre os significados dessa "superação". A diferença entre seus significados dilui-se no fato de que ambas encontram uma possibilidade de realização em mecanismos de expressão e em práticas *aparentemente* semelhantes, ou, mais especificamente, em práticas que, na sua dimensão expressiva, atendam a expectativas – de "superação" – semelhantes.

Mas a coisa não acaba aí. Como o depoimento anterior mostra, a explicação para a origem das informações é, em última instância, a sensibilidade do artista. O "desejo do consumidor" é, nesse sentido, o "desejo do artista". A suposição de que se trata do desejo do consumidor não tem por base a evidência da origem da informação, mas a crença em jogo de que o artista é o agente captador, por excelência, das transformações sociais. A fluidez da informação vem reforçar essa crença. Ao fazer circular a informação, ao torná-la fluida e transitória, faz-se circular, como sua consequência direta, a certeza de que ela precisa ser "interpretada" e de que essa interpretação é um atributo próprio do artista, ou daqueles dotados de uma sensibilidade maior que os demais.

Não se trata, contudo, de uma manipulação deliberada de informações por parte dos empresários. Há, isso sim, um mecanismo de

---

8 Sobre as origens sociais do caráter de exceção atribuído aos artistas, veja Warnke (2001).

homogeneização da informação acionado quando da crença de que se está diante de uma informação que é resultado da captação das transformações sociais e de um instrumento de previsão. Para algumas empresas, contudo, elas dão certo e para outras não. A justificativa para essa margem existente entre o erro e o acerto é o caráter vago do discurso da tendência de moda. A necessidade de – assim como a responsabilidade por – uma interpretação é outro dos elos de ligação entre essas duas racionalidades:

> (...) essa questão de impor. Na realidade não era assim, não era assim. Porque numa primeira etapa as informações vinham organizadas de uma maneira, vamos chamar assim, primária em relação à futura edição de cadernos. Porque essas informações, elas precisavam ser, pela sua característica de "novas", elas precisavam ser promovidas a empresários, fabricantes, profissionais da área, vamos dizer, da estética industrial de uma maneira didática. Haviam produtos no mercado que não vendiam mais, não iam de encontro às necessidades do consumidor. Esses empresários, eles precisavam de uma informação então já à luz da importância do marketing, de informações que lhes permitissem o mínimo de segurança. Então, essas informações promovidas com exclusividade para clientes, empresas significativas no mercado, que caracterizavam opções, vamos dizer assim, limitadas. Não que houvesse uma imposição, como se dizia que houve na alta costura em fase de... elite, um costureiro impunha pra duquesa, ou pra uma atriz de teatro. Mas nesse caso, essa chamada imposição, ditadura, tudo isso, não ocorria.

Evidentemente, as grandes empresas, em função de seu poder financeiro e do controle geral da produção exercido por elas, têm o poder de "impor" aquilo que elas considerarem como bom ou de qualidade. A informação artística não pode, no entanto, ser imposta simplesmente, ela precisa ser "interpretada". Ou precisa ser passada, de acordo com os próprios termos da área, de forma "didática", de forma a permitir um determinado uso. Duas coisas estão em jogo aqui. Primeiro, uma evidente hierarquia sendo acionada e que faz da informação "bruta", aquela que precisa ser interpretada e que só o artista pode fazê-lo, uma informação de qualidade superior àquela "didática", traduzida para possibilitar sua aplicação prática. Segundo, o que vem reforçar essa hierarquia, a ideia de que o acesso à informação "bruta" está vedado para todo aquele que não é dotado da sensibilidade necessária para "interpretá-la". A consequência desse didatismo, além da hierarquia que ele gera, é o reforço de uma ideia característica à área: de que os diversos grupos sociais podem receber uma tradução simbólica até certo ponto padronizada, de que "prever" aquilo que eles gostariam de usar em um futuro imediato significa fazer uma releitura do próprio presente. A essa releitura, no entanto, é atribuído o caráter de "exceção", uma vez que é produto do próprio caráter de "exceção" atribuído ao artista, único capaz de empreendê-la. O termo estilo aqui só pode ser compreendido dentro desse sentido específico: é a releitura social, entendida como uma experiência de "exceção", e sua atribuição a um futuro imediato. Essa ideia, associada à crença de que os símbolos de mundo que precisam ser representados ali são aqueles provenientes da arte, vem reforçar a suposição de que esse didatismo só adquire significado quando dirigido a todos aqueles que estão longe dessa alta cultura. O termo estilo expressa, aqui, uma experiência social que se caracteriza, basicamente, pela tentativa de conciliação entre classes e campos sociais não só distintos, mas também opostos, pela sua tentativa de unificação verbalizada, principalmente, por meio do termo "interpretação". Expressa também um esforço de unificação entre a "exceção", que caracteriza a experiência artística, e a rotina, que caracteriza a exigência prática cotidiana desses empresários; entre um "futuro", a ser captado e anunciado, e o presente, a ser trabalhado.

A "interpretação" é, portanto, um dos principais pontos de tensão entre a racionalidade artística e a racionalidade empresarial. É o ponto que estabelece um abismo entre ambas, e é exatamente o ponto que faz supor que não há abismo nenhum. Todas as etapas, ao longo do tempo, de construção do que hoje se conhece como *Cadernos de Tendências*, são tentativas de transposição desse abismo. Esse é também o ponto em que a tensão entre essas duas racionalidades fica mais visível. Quando questionei Carlos Mauro sobre como se deram essas etapas, ao longo do tempo, a resposta que obtive foi igualmente tensa, não só pelo conflito existente entre um elo e outro da cadeia, mas também pela posição ocupada por ele dentro dessa estrutura, para onde os conflitos eram canalizados e expostos na sua forma mais clara:

> As etapas foram a tapas. A tapas. Trabalhando comigo, desde que eu assumi a chefia de serviços, como meu assistente, São Judas Tadeu, sob a direção da Gerência Comercial da Rhodia, sr. Pierre Morisot – "Senhor", vamos dizer, por razões de personalidade, educação, ele me estimulava, me respeitava –, sua assessora Anita Campos, que é a responsável por Ocimar Versolato para o mundo. Eles me respeitavam, eles me queriam bem, eu trabalhava, assim, feito, jumento é pouco! O que eu trabalhava, porque eu gostava! Então eu virava a noite. Vinte e quatro horas gostando desse campo que me aproximava de seres humanos. Havia uma comunicação inovadora com os seres humanos, um diálogo superior e diferenciado do ramerrão, assim, do mercado, vamos dizer. Esses seres humanos, eles estavam em posição de empresários, donos de empresa, jornalistas emergentes, damas da sociedade passando a trabalhar na imprensa. Era uma linguagem nova que se chocava com valores, valores tanto de gestão de empresa, não é?, até morais! Então essas etapas, elas foram realmente a tapas. Havia uma visão, vamos dizer, e ainda há, é claro que um pouco menos, eu acredito, diante do resultado que as empresas passaram a ter, absorvendo, o estilo como instrumento de gestão global da empresa. Então, havia uma visão, numa primeira fase, como se diz? de louco, de artista, de bicha, de lunático.
>
> (...) Eu passei 22 anos na Rhodia sempre à beira de ser demitido! Sempre! Porque engenheiros têxteis, administradores, da USP ou da GV, topavam com aquele artista ou com profissionais, assim, que estavam entrando nessa área e que falavam mesmo uma outra linguagem. (...) O diálogo tinha que ser muito contundente, porque eu acreditava naquilo, não é?, e tinha a pretensão de fazer com que eles acreditassem que aquilo seria muito bom para eles. Por exemplo, numa reunião com empresários do Nordeste, fabricantes de camisaria e calça, numa reunião, numa mesa, lá na primeira Casa Rhodia, ao lado da Igreja Nossa Senhora do Brasil, na Av. Brasil, chegou num momento que eu, bravo, eu perguntei pro empresário, fiz um pingo assim na mesa de fórmica e

perguntei: "O QUE QUE É ISSO?". "Um pingo". E todos seguros, um comportamento característico, assim, machão. "QUE MAIS?". "É uma nódua". "QUE MAIS?". Aí peguei e desenhei um pinguinho com um rabinho. Ele vira e diz assim: [primeiro ele faz a pergunta] "E ISSO, O QUE QUE É?". "Um pingo e um traço". "QUE MAIS?". [imitando um sotaque nordestino] "Um espermatozoide". Numa outra etapa ele disse assim, um pingo e quatro patinhas: "isso tá me parecendo algo conhecido". E aqui a quarta etapa, eu desenhei um sapo e disse: "a Rhodia informa pro Senhor tendência 'sapo'". Tendência, enfim, era o tal de girino, pra ele ver as transformações na forma do vestuário. O pingo era o dado novo, o líquido. Você toma conhecimento que há algo razoavelmente conhecido, se caracterizando com uma forma que você já vê certos... contornos. Você não sabe qual é o todo, mas é isso que você vai informar. "Então o Senhor fará camisas clássicas 'sapo' e camisas jovens 'ponto', camisas com 'rabinhos espermatozoide' e camisas 'pingo com quatro patinhas'". Entende? E isso era tenso mesmo, era tenso. Eu sabia que eles estavam seguros, pela maneira que eles se comportavam na cadeira. Agora, esse senhor chega pro Sr. Morisot e pede que fazia questão que a equipe de estilo fosse pra Natal para passar essa reunião, com "sapo" e tudo, pra toda a equipe dele. Ele foi um dos primeiros a informatizar a empresa. Uma coisa admirável, jovens de sandália mesmo, e aprendendo a fazer [imitando um sotaque nordestino] "cróquis", e aprendendo a industrializar tudo. Agora, esse senhor, ele poderia me mandar pro olho da rua, era um dos maiores clientes da Rhodia.

O que não se pode perder de vista é que se trata de um processo marcado pelo conflito gerado pelo esforço de conciliação entre interesses e experiências completamente divergentes. A cada momento desse processo, a conciliação encontrada surge na forma de "respostas" capazes de fazer com que o abismo entre os interesses artísticos e os interesses empresariais diminua. Essas respostas, no entanto, baseiam-se mais nos valores e nas crenças em jogo do que numa capacidade injustificável de previsão ou numa manipulação deliberada de informações. É isso que a racionalidade que advém dessas respostas, cuja forma material visível são os *Cadernos de Tendências*, traz consigo. Traz os valores associados à arte e à alta cultura, os valores associados à pesquisa e à indiferença a tudo aquilo que não tenha uma aplicação prática visível e justificável. Traz também a crença de que o artista é o agente captador, por excelência, das transformações sociais, de que a legitimidade daquilo que ele capta está atrelada à legitimidade de sua condição de artista, de que aquilo que se assemelha a uma pesquisa é uma pesquisa e de que a previsão é possível, mas desde que visível sob determinadas formas de aplicação prática. E traz a ilusão de tudo isso convertida em certeza, pois aglutinam-se esforços, de ambos os lados da cadeia, cujo efeito social consiste na possibilidade de conferir realidade a todas essas crenças em jogo.

4
ERROS E ACERTOS

Além das muitas matérias cuja característica principal é a adulação profissional e daquelas ligadas à fofoca e à divulgação das roupas de celebridades e de personagens de novelas, há outras que se caracterizam pelo comentário profissional de moda e pela sua divulgação de forma especializada. Aí podem ser encontradas informações sobre os desfiles nacionais e internacionais. É a divulgação da "notícia": da moda e das pessoas que são notícia. Mas há também outras formas de divulgação que não consistem única e exclusivamente da "notícia". Esse trabalho de divulgação profissional da moda, que não está restrito às revistas e pode ser encontrado na televisão e em jornais diários, é chamado de "produção de moda".

Atualmente, a maioria das revistas, se não todas, tem em seu quadro de funcionários ao menos um produtor e um assistente de moda. Mesmo quando estes não compõem o quadro de funcionários, ainda assim a figura deles se faz presente como *freelancers*. Não são eles, geralmente, que escrevem sobre moda, tarefa reservada ao jornalista especializado no assunto. São eles, no entanto, que definem quais são as roupas e os modelos que devem fazer parte da revista. Definem também qual deve ser a linguagem fotográfica utilizada e em que cenários essas fotos devem ser feitas. Fazem, portanto, um trabalho de divulgação que tem como prerrogativa uma atividade de criação aplicada não à roupa ou ao acessório em si, tarefa de estilistas, mas às estratégias de comunicação dessas roupas e desses acessórios. Criam-se ambientes e possibilidades de uso. O pré-requisito para um bom trabalho de produção é, com isso, um certo "bom gosto" aplicado a essa comunicação.

A diferença entre o jornalista especializado no noticiário de moda e o produtor de moda é visível também nos espaços por eles ocupados nos desfiles. As primeiras fileiras, mais próximas à passarela, são reservadas a celebridades e aos jornalistas que estão ali para cobrir a "notícia". Os produtores de moda que ocupam tais lugares o fazem por uma questão de prestígio: são nomes consagrados que trabalham tanto com a produção quanto com a divulgação dos eventos e das tendências de moda. Os nomes não consagrados, mas cuja atividade consiste na divulgação do evento, espremem-se em pé entre as fileiras ou sentam-se no pequeno espaço entre a passarela e a plateia. O produtor de moda recebe, evidentemente, um convite. O local destinado a ele, no entanto, é o mesmo dedicado aos alunos e aos professores dos cursos de moda, aos "amigos", a clientes especiais e a todos aqueles que ocupam o espaço que fica entre a "consagração" e o "anonimato".

Eles ocupam, portanto, uma posição específica no jogo da moda. E assim como cada uma das demais posições implica uma racionalidade própria, aqui também se está diante de uma atividade cujas ações estão direcionadas num sentido específico. A identidade que tais profissionais imprimem a si e a suas ações, e a racionalidade restrita à expressão dessa identidade, é construída exatamente em função da posição ocupada por eles na estrutura geral do campo da moda. Eles estão a meio caminho entre os criadores e os consumidores. Não são, portanto, reconhecidos como "criadores", mas também não reconhecem a si mesmos como "meros" usuários, diferenciando-se destes. Estão também a meio caminho entre os jornalistas "informados" e os leitores "desinformados". Não são eles, na maioria das vezes, que escrevem sobre a moda, mas nem por isso consideram seu "saber" como fazendo parte do mesmo nível que aqueles que não escrevem a "notícia", ou seja, os leitores "desinformados". A racionalidade própria à área traduz essa posição intermédia, traduz a tensão

A EXPERIÊNCIA DO STATUS 183

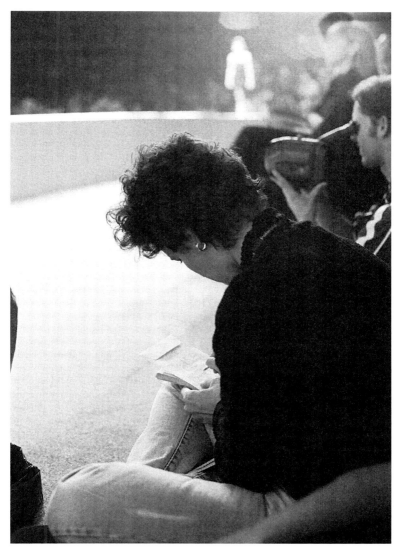

Produtores de moda e jornalistas de menor renome ocupam, nos desfiles, o mesmo espaço: aquele não reservado a mais ninguém. A maior parte deles fica, assim, espremida, no chão, entre as cadeiras e a passarela.

restrita a essa zona de conflito e oferece uma solução, um caminho específico a ser trilhado. As regras que marcam a atividade da produção de moda não são apenas estratégias para que se possa imprimir nela uma identidade própria, são também, e principalmente, uma forma de dar uma solução a esse conflito específico que tais profissionais vivem dentro dessa posição intermediária. Vamos ver, passo a passo, quais são as características do trabalho de produção de moda para que, então, possamos entender qual é a racionalidade específica que marca essa atividade profissional.

Representação Codificada

O trabalho do produtor de moda consiste, em parte, em rodar as diversas lojas e os ateliês da cidade para fazer uma seleção de peças de roupas, acessórios, produtos de decoração e de beleza que possam ser incorporados às matérias que são elaboradas dentro da revista. Embora se refira apenas a revistas, grande parte do que for dito aqui vale para o trabalho de produção de moda em geral realizado também para jornais diários impressos e programas televisivos. Além disso, esse profissional está presente sempre que há a necessidade de criação e de comunicação de uma dada identidade visual através de um ambiente e das pessoas que ali porventura possam estar. Há critérios para esse trabalho de seleção que o produtor de moda faz: os produtos devem representar alguma "novidade" e devem integrar um conjunto maior, que é a própria matéria. O passeio por lojas e ateliês representa uma pré-seleção. A última etapa consiste em uma nova escolha feita, antes da realização da foto ou de uma gravação, entre os diversos produtos selecionados.

Processo semelhante é feito na escolha de modelos (manequins) para as fotos. Só que, em vez de o produtor sair rodando pelas diversas agências de modelos da cidade, estas lhe fornecem material de divulgação onde constam todos os novos modelos que estão sendo agenciados. Modelos já conhecidos só ganham nova divulgação quando mudam de agência. Não se trata, portanto, da divulgação do modelo, mas de seu atual empresário. A escolha do fotógrafo passa por critérios muito parecidos e é feita com base nos trabalhos já realizados por ele. Outros profissionais estão envolvidos com a produção de moda e são considerados igualmente importantes: o maquiador e o cabeleireiro. Em alguns casos, este último profissional é especializado em ambas as funções.

Cada matéria comporta um tipo de trabalho diferente. Há matérias que versam sobre temas ou tipos de roupas. Dessa forma, podemos encontrar "roupas para a noite", "roupas para o verão", "roupas para o inverno", "roupas para grávidas", e assim por diante. São roupas apropriadas (e o uso desse termo aqui não é nada casual) para um tipo de pessoa, um momento ou um determinado ambiente. Há uma noção de conjunto que direciona o trabalho. Caso se esteja falando de roupas para a noite, por exemplo, veremos vestidos para festas, casas noturnas, recepções e jantares. Assim como maquiagens e penteados próprios para cada uma dessas situações. Em muitos casos, veremos também, nos lugares em que as fotos são feitas, os locais específicos onde tais roupas devem ser usadas. Algumas vezes se explora, além do momento ("noite", por exemplo), uma cor, como o preto, ou um material, como o couro, ou acessórios, como joias. São matérias, portanto, que trabalham variações sobre um mesmo tema.

Além dos detalhes próprios ao trabalho realizado por tais profissionais, em muitas dessas matérias podem ser observados outros que só adquirem significado quando referidos à posição que eles ocupam no campo da moda e que definem a racionalidade específica da área. Algumas fotos mostram um nítido esforço para tentar combinar – ou tentar *dar uma solução* para – sentidos opostos: a ênfase de traços pessoais em detrimento dos sociais e a ênfase de traços sociais em detrimento dos pessoais. Há imagens, por exemplo, em que podem ser vistos cabelos meticulosamente desarrumados, o corpo sentado de forma esguia e desleixada, composições com base em "flagrantes" – devidamente preparados, evidentemente – da gestualidade da modelo. Talvez o melhor termo para definir esse tipo de postura expressa pela modelo fosse atitude, em função da ênfase dada a sua postura de "desafio" a um certo padrão de conduta cobrado das mulheres. Ainda assim, e este é um detalhe importante, nessas mesmas matérias o ambiente e o *layout* da página mostram que tal postura é, numa clara expressão de ambiguidade, indissociável de um padrão de conduta específico. Já em outras imagens, ainda que se verifique uma total ausência de ambiente no qual a modelo está inscrita, fazendo dela o centro inquestionável da imagem[1], muitas vezes a sobriedade de um vestido, a discrição de um decote e da maquiagem, as joias e o cabelo meticulosamente penteado permitem ao leitor acionar informações que estão fora das fotos. Isso porque tais detalhes são indissociáveis de um ambiente que se marca pela sobriedade, pelo luxo e por uma postura pautada em regras rígidas.

Há também matérias onde o trabalho de produção de moda aparece não como linha mestra, mas como suporte ao texto. Geralmente, são matérias sobre comportamento ou beleza. O produtor de moda precisa, nesses casos, comunicar por meio de imagens as principais ideias do texto. Aquelas sobre comportamento exigem que esse trabalho seja aplicado à criação e à comunicação de "tipos humanos". Abaixo vemos um exemplo disso. Trata-se de uma matéria sobre a "irmã do meio" elaborada para a revista *Atrevida* (voltada para meninas adolescentes e pré-adolescentes):

Irmãos? Oh, Não!!!

Irmão mais Velho: Ciumento e Possessivo

(...) Na cabeça do seu irmão ele é o Júnior, o sucessor de seu pai, aquele que pode tudo e estamos conversados. O poderoso! (...)

Irmã mais Velha: Mandona

(...) da maneira como age, todo mundo é capaz de jurar que é mais velha que sua mãe. E nem adiante contestar. É ela quem manda, sem discussões. (...)

Irmã mais Nova: Folgada

(...) Cada vez que você ameaça fazê-la dormir na casinha do cachorro e começa uma discussão, a folgada encarna o seu papel preferido – o

---

1 Esse é o recurso mais utilizado para a elaboração de *books*.

de vítima –, e continua assim até sua mãe entrar em ação. E adivinha quem leva a pior? (...)

Irmão mais Novo: Pentelho

(...) O pestinha é o que costuma se chamar por aí de "raspa de tacho". Quer dizer, é o eterno caçula, com todos os direitos adquiridos que, normalmente, os pais delegam aos mais novos. (...)

Fonte: Revista *Atrevida*, ano IV, nº 30, fev., 1997.

Os dramas dessa menina estão diretamente relacionados às cobranças feitas por seus irmãos maiores e menores, e a escolha dos modelos e das roupas feita teve como principal preocupação fornecer uma tradução visual de cada um dos "tipos" que ali estavam sendo representados. Assim como as próprias fotos, que deveriam reproduzir situações representativas da relação da "irmã do meio" com seus irmãos. Para isso, o produtor recebe uma cópia da matéria antes para que possa, então, compor os tipos que estão ali descritos.

Pode-se observar que a característica central de todas essas matérias é uma representação codificada, de acordo com regras próprias, dos grupos que compõem a sociedade, ou, mesmo, como no caso acima, da hierarquia social e da tensão entre os elos opostos dessa hierarquia. Os dois tipos mais "velhos" descritos pela matéria fazem uma representação de figuras ligadas à ordem, à autoridade e à imposição de regras de conduta. O "Júnior" é o representante de uma linhagem, de uma ordem social que deve ser respeitada e mantida. Especificamente, o que deve ser respeitado e mantido é sua posição de autoridade dentro dessa ordem. A "Mandona" traduz a ordem irrefletida e que não admite questionamentos, a crença na posição de autoridade ocupada. O par "Júnior" e "Mandona" mostra que a autoridade masculina é representada como a legítima. Os outros dois tipos mais "novos" representam figuras ligadas à expropriação social. A "Folgada" é vítima de ameaças, mas também a responsável direta pelas injustiças sociais. A sua "folga", ou seja, o seu desrespeito à ordem é entendido como o causador da desordem. O "Pentelho" é a grande vítima, sobre a qual recai o sentimento de culpa dos "maiores", ele é tanto o causador da desordem quanto é constantemente perdoado pela sua contingente condição de "menor", de expropriado. Sobre ele não recai a acusação moral de "folga", de desordem.

Essa alegoria da hierarquia social não é, evidentemente, o objetivo da matéria ou da produção de moda. Não é, contudo, um mero acaso. A composição de tais tipos só pode ocorrer dessa forma, e não de outra, porque *assim* ela adquire significado: trata-se da *representação codificada* das figuras que se supõe serem as representantes "naturais" da ordem social e das posições ocupadas dentro dessa ordem, esteja se falando de uma família, esteja se falando da sociedade como um todo. Vamos ver exatamente o que isso representa mais adiante.

Trabalho muito semelhante é feito pelos produtores de moda das novelas. Vejamos um exemplo disso numa matéria que tenta mostrar como é, passo a passo, o trabalho de um figurinista de novelas:

A Arte de Vestir Estrelas

Na vida real, escolhemos as roupas de acordo com nossa personalidade. No faz de conta das novelas é o mesmo: uma figurinista, que estuda a história dos personagens, é quem indica o estilo capaz de refletir o perfil concebido pelo autor para cada um deles. Na novela *A Indomada* esse trabalho é realizado, com minúcia e sucesso, por Beth Filipecki. Passo a passo, a figurinista conta aqui como, com a ajuda de sua equipe, ela veste os personagens.

Montando o Figurino

1º Os autores enviam à figurinista a sinopse da história e os perfis dos personagens.
2º Ela desenvolve *books* (uma coletânea de fotos, desenhos, imagens computadorizadas) apontando o estilo de cada personagem: roupas, acessórios, cabelos, maquiagem...
3º Após a aprovação do *book* pelos diretores, os atores experimentam uma peça piloto. Se aprovada, o guarda-roupa é preparado.
4º Durante a novela, em reuniões periódicas com os diretores, a figurinista altera ou complementa os visuais de acordo com a trama (...).

Fonte: Revista *Manequim*, Editora Abril, ano 38, n° 06, junho, 1997.

Há uma exceção: por vezes o figurinista, e esta é uma das características que o distingue do produtor, *cria* algumas das roupas para a novela. Isso não invalida a lógica do trabalho: traduzir um tipo, e o termo utilizado para designá-lo é "personalidade". Aqui seu significado está atrelado a uma forma de marcar um determinado traço pessoal. Contudo, esse não é seu único uso possível. Como já foi visto, a "personalidade" pode estar associada à representação conveniente de uma dada posição social, marcadamente privilegiada. Embora o termo tenha sido usado aqui segundo uma forma específica, expressar um traço de distinção pessoal, ele pode também ser encontrado expressando seu outro significado. Não por acaso o resultado final da criação do figurino é a *integração* do personagem a um dado universo social. Essa ambiguidade do termo não é casual: ela traduz o conflito entre grupos opostos e a posição intermediária ocupada por tais profissionais.

Temos, com isso, tanto um trabalho que consiste na seleção de roupas apropriadas a um determinado ambiente e ocasião quanto um que consiste na seleção de roupas apropriadas a um determinado tipo (físico e psicológico). Um e outro mostram a ambiguidade da posição ocupada por tais profissionais. Mas não é só a tensão gerada pela posição intermédia que eles ocupam que caracteriza a produção de moda, é, principalmente, o fato de que uma racionalidade específica surge aqui como tentativa de solução desse conflito e da ambiguidade gerada pela posição ocupada.

Certo e Errado

Ao selecionar peças de roupa para serem incorporadas a uma determinada matéria de moda, o produtor obtém como resultado a criação de um novo contexto diferente daquele a que as peças de roupa pertenciam originalmente. Exemplo disso pode ser encontrado no uso que feito das criações de Alexandre Herchcovitch. Como já foi visto, o desfile apresentado pelo estilista no Morumbi Fashion de fevereiro de 1997 tinha sua criação orientada no sentido de imprimir deformações e inversões às roupas. Alguns pares de meia seguiam, como é esperado, a mesma orientação por meio de um conflito de cores: a reunião entre o amarelo e o rosa, que não chegam a ser opostos, mas que eram cores usualmente não combinadas. Essas meias foram, posterior e gradativamente, inseridas em contextos que não têm nenhuma semelhança com o original. Uma primeira matéria, feita, evidentemente, após a apresentação das peças no Morumbi Fashion, tomava de empréstimo a vinculação original, mostrada no desfile, entre as meias e o preto. Contudo, não se tratava de uma cópia exata do que foi o próprio desfile, o vestido preto de látex original havia sido substituído por um *tailleur* preto[2]. Mais tarde, em outra matéria, podia-se ver uma associação entre as meias e outras formas de roupas que em nada mais lembravam a sua referência original. Dessa vez a mesma meia vinha combinada com uma blusa e uma saia em tons ferrugem e laranja[3]. O conflito entre a sobriedade do preto e as chamativas cores das meias passou a dar lugar a um conjunto onde as cores estavam integradas, eram matizes que variavam entre o amarelo e o vermelho. Essas mesmas meias foram também utilizadas, mais tarde, em uma matéria sobre pijamas para moças adolescentes[4]. A roupa em questão, o pijama, cessava toda a possibilidade de conflitos visuais: as meias foram colocadas como uma continuação "natural" de motivos infantis, como as xuquinhas utilizadas pelas modelos nas mesmas cores das meias. E a cor central, do pijama e do fundo da foto, era o branco, que, ao contrário das cores das meias, não expressava nenhum conflito. Estas, que originalmente deveriam expressar um conflito, uma inversão ou deformação, passaram a expressar assépticos e alegres motivos infantis.

Não se trata de dizer que um dado contexto é melhor que outro, seja pela proximidade, se já pela distância estabelecida com o modelo original. Essa seria uma questão absolutamente irrelevante aqui.

---

2 Cf. a matéria "Com que roupa você usa estas meias?", publicada pela Revista *Elle*, ano X, n° 6, junho, 1997.

3 Cf. a matéria "Puxa-puxa", publicada pela mesma Revista *Elle*, ano X, n° 8, agosto, 1997.

4 Cf. Revista *Atrevida*, ano IV, n° 36, agosto, 97. Aqui os pares de meia vinham sobrepostos: meias 3/4 sobre meias 7/8.

Interessa o fato de que o profissional em questão faz uma *seleção* daquilo que os estilistas e o mercado de moda em geral estão lançando e insere aquilo que foi selecionado em um outro contexto formulado segundo regras próprias de composição. Tais regras são derivadas da "resposta", da solução que esses profissionais dão para a posição ocupada por eles. A primeira dessas respostas e, portanto, a primeira característica da racionalidade própria à área, é exatamente essa postura de seleção diante das criações ou das novidades apresentadas pelo mercado. Não é, no entanto, a única. Como já foi dito anteriormente, esses profissionais ocupam uma posição intermediária. Há uma relação específica que se estabelece com a área de criação, assim como há outra específica que se estabelece com o consumidor ou com o leitor "desinformado".

Vejamos um outro exemplo, uma matéria que exibe uma fórmula de divulgação e de discussão acerca da moda que se encontra difundida entre uma parcela considerável das revistas que integram o mercado editorial: é "o certo e o errado" da moda "com fotos de rua". Trata-se de uma seção de caráter "didático" que as revistas criaram para explicar como uma roupa deve ser usada através de exemplos reais e observáveis no cotidiano. Geralmente, há uma competição entre as revistas que se traduz no número de fotos mostradas. Uma boa reportagem, com isso, é aquela que traz um grande número de fotos.

O que mais chama a atenção nessas matérias, outra característica da racionalidade própria à área, é o esforço que ali está representado e que consiste em tentar orquestrar tanto as variações criativas geradas pelos estilistas e pelo mercado em geral quanto às variações de uso promovidas pelos consumidores. Esse esforço de orquestração é, prioritariamente, direcionado para o que está sendo produzido no momento pelos diversos estilistas. O que deixou de ser produzido, ou o que deixou de ser exibido enquanto novidade de criação, passa a ser classificado como "fora de moda". E a exibição de peças de roupa assim classificadas passa a ser considerada "errada". Pode-se ver, graças a esse critério, como pobres coitados podem ser facilmente flagrados na rua exibindo sua "ignorância" em termos de moda.

Há regras para as escolhas feitas, tanto para as peças que irão compor uma dada matéria, mesmo "o certo e o errado na moda", quanto para aquelas que irão compor uma dada personalidade. O detalhe principal é que todas essas regras são formuladas segundo critérios "racionais de bom gosto", mais uma característica da racionalidade própria à área, que compõem um dado *sistema*: um conjunto de procedimentos instituído que toma por base a "razão" e que pode ser aplicado às mais diversas situações.

Mas não é apenas o "bom gosto" que está em jogo. Ao divulgar o certo e o errado aplicado à esfera do gosto, divulgam-se, consequentemente, modelos de conduta e instrumentos para a avaliação desses modelos. A roupa não é apenas um indicador para a avaliação do bom ou do mau gosto das pessoas, mas também um indicador da "qualidade" dessas pessoas por meio da sua capacidade de seguir ou não os modelos propostos de conduta. O certo e o errado tornam-se, com isso, instrumentos de atribuição de vergonha ou de prestígio, de condenação ou de promoção. A disseminação de tais modelos de comportamento não está restrita às páginas das revistas de moda. Esses mesmos modelos originam conselhos, comentários e manuais específicos preocupados em ensinar como as pessoas devem se vestir corretamente nas mais diversas situações. Como no exemplo abaixo, relativo à admissão e à contratação, assunto aparentemente sem nenhuma relação com a moda, e que faz parte de um desses manuais:

A Primeira Entrevista

É sua primeira entrevista para disputar um trabalho. Você tem alguns minutos para causar uma boa e definitiva impressão. Não desperdice essa oportunidade acreditando que só o currículo pesa na hora de ser contratada. Se fosse assim, bastava mandá-lo pelo correio. Sua *expertise* é fundamental, porém a sua aparência é que vai confirmá-la, mostrando que você está de acordo com as expectativas do cargo e do tipo de atividade que pretende exercer. Vá vestida com a roupa certa, pois será mais fácil para o seu entrevistador vê-la no posto perfeitamente ajustada ao ambiente.

Comportamento
- Mostre sua personalidade de forma discreta, sem grandes arroubos, como um tom de voz exageradamente alto, ou gargalhadas para parecer à vontade
- Certifique-se de que o ambiente é de fumantes, antes de acender um cigarro atrás do outro
- Use uma maquiagem leve, que ajude a ressaltar seus pontos fortes
- Definitivamente, a roupa sempre deve lembrar o cargo. Eu não ia querer no meu escritório uma funcionária com roupa de freira ou uma *punk* cheia de alfinetes. E a menos que você esteja pleiteando o cargo de vedete, deixe suas curvas para horas mais adequadas. Nada contra as vedetes. Estas, sim, podem e devem mostrar as pernas na primeira entrevista...
- O corpo e suas curvas são arma fora da batalha pelo emprego. Quem contrataria um advogado se ele viesse vestido de motoqueiro, ou com a camisa aberta ao peito, exibindo músculos e correntes douradas? (Kalil, 1997, p.133-4).

A característica principal do texto, a vinculação entre moda e comportamento e a sua expressão ou sua avaliação por uma linguagem codificada, não significa, como pode parecer à primeira vista, que a moda e suas variações sejam geradoras e indicadoras de condutas humanas, ou uma possível "tradução" para elas, embora essa seja a noção mais corrente acerca do "significado" da roupa. O "significado" dessa característica está exatamente naquilo que ela é: uma representação codificada da sociedade e dos grupos que a compõem com a clara intenção de regular seus respectivos comportamentos e definir as posições que tais grupos podem, ou devem, ocupar na estrutura social. Ou definir como eles devem se comportar para ocuparem uma certa posição nessa estrutura[5]. A aparência de "razão"

---

5 Esse é *exatamente o mesmo discurso* empregado tanto pelas agências de emprego quanto pelas diversas matérias publicadas em jornais e que tratam especificamente da observância das regras durante uma contratação. Isso porque o que está em jogo é a disseminação de um dado modelo ético e de conduta. Os exemplos a seguir foram retirados da seção de Emprego do Jornal *Folha de S.Paulo*.

Mas praticamente todos os jornais publicam matérias semelhantes nas suas respectivas seções dedicadas à procura de emprego:

Vestir-se Adequadamente é Questão de Bom Senso
Lia Regina Abbud

(...) Segundo Lu Pimenta, 47, estilista e dona da Tweed, o que define o padrão a ser adotado é o lugar onde se trabalha. "Quem sobe e desce escadas, por exemplo, não deve usar saias curtas ou saltos incômodos", ensina.
Decotes e comprimentos costumam ser os erros mais frequentes entre as mulheres no verão. Para Lu, o ideal é não precisar ficar tomando conta da saia ou dos decotes que mostram demais.
(...) Mulheres que trabalham em lugares onde o estilo clássico prevalece devem brincar com tecidos e cores, já que os modelos, na maioria das vezes, permanecem iguais.
As melhores opções clássicas continuam sendo os *tailleurs*, com saias na altura dos joelhos, e os terninhos femininos.
No verão as meias-calças podem desaparecer desde que as coxas não fiquem à mostra e que a ocasião não exija traje social. Se a meia for fundamental, que seja clara.
Blusas de alças são permitidas, mas de frente única nem pensar. Estampas fortes, cores gritantes, saias muito curtas e saltos fininhos servem para passear – jamais para trabalhar. O mesmo vale para brilhos, transparências, aderências e modelos "camisolas" (...).

Liberdade é Maior nos Cargos Altos

A empresária têxtil e consultora de moda Constanza Pascolato, 58, diz que não existe moda quando o assunto é ambiente de trabalho. Mesmo no verão, a classe é fundamental, seja qual for o estilo.
Para ela, quanto mais alto o cargo, maior a liberdade de escolha, porque é você quem dita as regras. "Se o cargo for inexpressivo, os trajes devem seguir o padrão para escapar dos comentários dentro da empresa".
No caso de mulheres executivas ou advogadas, as saias devem beirar o joelho, e os decotes não devem ser provocantes.
"Tudo o que não salte aos olhos é recomendado. Quem tem muito busto não pode abrir o decote. É uma falha estética".
As costas merecem atenção especial. Devem ficar à mostra na praia, nos finais de semana ou em casa. "No trabalho, nunca", adverte. Achar que o ambiente de trabalho é o lugar certo para arrasar é, no mínimo, uma gafe.
A estilista Glória Coelho, 45, diz que no verão dá para abusar dos vestidos leves e de sandálias e sapatos do tipo "anabela" (...).

Fonte: Jornal *Folha de S.Paulo*, 21.12.1997

Ou:
Terno Cinza e Barba Eliminam Candidatos
Ligia Braslauskas

Atenção, homens: se a dúvida for usar terno azul-marinho ou cinza, escolham, sem hesitar, o primeiro. E, mulheres: nem pensem em trocar *tailleur* por vestido.

advém do fato de que essa é uma representação codificada e observável. E aqui está seu significado maior: crer que o que está em jogo é uma representação da "razão".

Vejamos um outro exemplo desse saber "racional", desta vez aplicado ao uso de vestidos:

> O Vestido que tem Tudo a Ver com Você!
>
> Se você é **alta** e **magra** como a Juliana, pode abusar de estampas, cores e listras. Mas evite os vestidos muito curtos, pois você pode parecer mais alta ainda. (...)
>
> ---
>
> Pesquisa do Grupo Catho – consultoria especializada em RH (recursos humanos) – revela que os selecionadores estão mais conservadores nas entrevistas.
> O terno azul-marinho, que em 1994 tinha 51% das preferências, subiu, em 1997, para 67%, seguido do terno cinza, que tinha 33% e atualmente tem apenas 19%. Os 1.356 selecionadores entrevistados (26% do sexo feminino) ainda acham o *tailleur* a roupa mais apropriada para a mulher (63%, contra 67% em 1994).
> A pesquisa não explica as preferências. "Só perguntamos 'Que roupa você considera ideal para uma entrevista?' e 'O que pode ser um item eliminatório na apresentação?'", diz Thomas Case, 60.
> Mas "se houver dois ótimos candidatos, um de terno bege e outro de azul-marinho, certamente o segundo terá a preferência", afirma o presidente do Grupo Catho.
> Assim como o terno azul e o *tailleur* são sinônimos de elegância no mundo executivo, barba, cabelo comprido e muita maquiagem significam o contrário. A maioria absoluta dos entrevistadores – 90% – desaprovam os candidatos que usam barba ou bigode e as candidatas com cabelos compridos e muita maquiagem. (...) De acordo com ele, há inúmeros casos de executivos que passaram pelo Grupo Catho e que, enquanto evitaram tirar a barba e o bigode, não tiveram bons resultados.
> (...) "Conforme as mulheres vão galgando posições mais elevadas dentro da empresa, o cabelo vai encurtando", afirma Case, tendo como base a sua própria empresa (...).
>
> Fonte: Jornal *Folha de S.Paulo*, 01.03.1998.

Há outro detalhe relativo a essas matérias que tratam das roupas e dos empregos e que não deixa de chamar a atenção. Tanto a agência de emprego quanto o jornalista ou o consultor que dá conselhos às pessoas sobre como elas devem se apresentar numa entrevista de emprego ocupam uma posição homóloga a do produtor de moda: a meio caminho entre a empresa, onde as decisões são tomadas, e o funcionário, ignorante a respeito dessas mesmas decisões e que precisa ser constantemente lembrado delas.

>As **cheinhas** ficam bem com vestidos soltinhos, sem recortes na cintura e no quadril. Se for o caso, prefira também as cores escuras, para ajudar a silhueta. (...)
>Você tem **ombros largos**? Então está com sorte! Os vestidos frente única são os mais indicados, além de estarem com tudo neste verão. (...)
>Mas se você tem **ombro estreito**, como a Thais, é legal escolher um vestido que marque bem esta parte do corpo. (...)
>Para quem tem **seios grandes**, a pedida são vestidos com decotes profundos em "V" ou em "U". Ao contrário do que muita gente pensa, os decotes mais altos dão a impressão de que os seios são ainda maiores. Fuja deles! (...)
>Você é **baixinha**? O jeito é colocar as pernas de fora e investir nos modelinhos curtos. O resultado é um show de ilusionismo: parece que você ganha alguns centímetros (...).
>
>Fonte: Revista *Atrevida*, ano IV, nº 29, jan., 1997.

Há, portanto, toda uma divulgação especializada em passar informações de forma "didática" aos diversos consumidores. Essa informação didática, que num primeiro momento surgiu dentro das revistas femininas, de alguns anos para cá passou a ganhar um novo formato editorial: o livro. A informação didática baseia-se numa classificação taxionômica de tipos de corpos, de roupas, de estados de espírito, de ambientes, de horários, e assim por diante. Ela compreende um uso "racional" de roupas em função desses diversos fatores e autodesigna-se pela rubrica de "regras do bom gosto". Tratam-se, supostamente, de regras imutáveis, já que baseadas em critérios "racionais" de classificação e de composição.

Saber e Neutralidade

A racionalidade específica da área de produção de moda só pode ser compreendida como um conjunto de respostas que foram gradativamente sendo dadas ao longo do tempo às pressões sofridas, por um lado, pela área de criação e, por outro, pelos mais diversos consumidores. Ou melhor, consumidoras, já que se trata, durante a maior parte desse período, do público leitor das revistas femininas. O primeiro momento, caso quiséssemos seguir a construção dessa racionalidade por meio de uma linha do tempo, e que permanece até hoje, é o esforço evidente de tentar orquestrar as muitas criações dos mais diversos estilistas. Isso era feito, até o início dos anos 1980, em matérias tais como, por exemplo, Faça uso da Moda, publicada pela revista *Cláudia*, com informações passadas por meio de desenhos, aos quais, mais tarde, vieram somar-se algumas fotos. Só posteriormente é que surgiu "o certo e o errado com fotos de rua". A foto de rua, ou o flagrante público, portanto, passou a substituir o desenho. Mas essa não foi a mais importante mudança ocorrida. A principal mudança foi que as variações criativas deixaram de ser o único objeto de foco. Esse se ampliou e passou a incorporar as variações de uso dos consumidores.

Estar a meio caminho entre a criação e o consumo tem implicações tanto na imagem que é feita de tais profissionais quanto na imagem que lhes é possível fazer de si mesmos. Estar entre uma ponta e outra da relação significa, antes de mais nada, estar abaixo ou aquém da criação. Embora haja uma identificação clara com a área de criação – o que se traduz no trabalho de composição das matérias por eles desenvolvidas, principalmente aquelas baseadas em variações sobre um determinado tema –, não são eles que "criam a moda", as "inovações" que a ela são impressas. Essa situação implica a constituição de uma posição ambígua, que se marca pela *aceitação* das inovações criativas, por um lado, e pela *seleção* dessas inovações, por outro. Mais especificamente: a aceitação irrefletida das criações faria com que tais profissionais perdessem o crivo de "profissionais", colocando-os em posição semelhante a que é atribuída ao consumidor anônimo. É justamente a seleção feita que os distingue desse consumidor.

Contudo, essa seleção, por si só, não basta para caracterizar o profissionalismo próprio à área. Não se trata de um trabalho baseado única e exclusivamente no "bom gosto", não é ele que confere a esses profissionais um caráter distintivo perante o consumidor anônimo, aquele que é flagrado na rua como exemplo do que é "errado" em termos de moda. O que confere a esses profissionais seu caráter distintivo é exatamente a elaboração das "regras" para a aplicação desse bom gosto. Ou melhor, há um conjunto de procedimentos a serem seguidos e que torna possível a instituição de "regras" que permitem a uma pessoa "ter" bom gosto, desde que saiba aplicá-las. Tais regras, portanto, advêm, especificamente, da necessidade de imprimir uma diferenciação com o consumidor anônimo.

Constituiu-se, além disso, um sistema de saber composto por uma série de regras supostamente "fixas". Supostamente porque assim elas são divulgadas como "regras imutáveis do bom gosto". Há um significado bastante específico para o detalhe de que tais regras sejam, até certo ponto, "fixas", e que se deve ao fato de eles estarem, por conta da posição intermediária e ambígua que ocupam, abaixo ou aquém das inovações criativas. Cada nova variação imposta pela moda coloca em cena o "risco" representado por tal posição, "risco" de que seu caráter distintivo se perca e eles passem a ser vistos como o consumidor anônimo é visto. Uma vez que fogem ao seu controle todas essas variações criativas, cada vez que elas ocorrem é deflagrada uma situação diante da qual eles precisam, mais uma vez, se posicionar. Ao instituírem "regras" para o bom gosto, os produtores de moda armam-se dos instrumentos necessários para a manutenção dessa posição, mantendo-se afastados do consumidor anônimo, que consiste em tentar estabelecer um controle sobre as variações criativas, mesmo sendo, tal controle, inviável. A eficácia de tais regras reside no fato de que elas atenuam a tensão gerada pelas mudanças criativas ao garantir-lhes a possibilidade de *sempre* adotar uma posição diante destas. Ou seja, se quisermos encontrar um sentido para a ideia de que essas regras são fixas, ele deve ser buscado, antes de mais nada, na possibilidade que esses profissionais têm de, graças a elas, manterem sua posição intermediária sem o risco da confusão com o consumidor anônimo, sem o risco de não serem considerados "profissionais".

Esse mesmo conflito também está expresso no discurso da consultoria de moda, em especial aquele que ganhou um mercado editorial diferente das revistas e dos jornais: o livro. O discurso é igualmente didático, mas com a evidente diferença que ele não precisa se ater às variações criativas dos estilistas. Expressa, portanto, o nível de profissionalização e, principalmente, de autonomia a que chegou a área ao longo do tempo. Essa autonomia está expressa na independência que tais "manuais de bom gosto" conseguiram frente às variações criativas. Podem falar como a roupa deve ser usada sem a dependência expressa, como foi no início da área, com matérias tais como Faça uso da moda, da revista *Cláudia*, das variações criativas dos estilistas. O trecho abaixo é um claro exemplo disso. Trata-se da resenha do livro da consultora Glória Kalil e da discussão que ele empreende sobre o que é moda e estilo, o que pode ou não ser importante dentre os dois, assim como o uso correto, segundo regras, que se pode fazer de ambos:

> Pelo Direito de Ser Chique
>
> Despretensioso nos propósitos, o livro de Glória Kalil mostra como há regras imutáveis nesse código suscetível a interpretações tão diferentes, fornecidas por cada época. E diz que é possível ser igual apostando na diferença – o que resume, enfim, a palavra estilo. (...) A autora coloca os pontos nos is logo no início, ao anunciar que "o estilo é uma coisa pessoal. Embora possa parecer estranho, na verdade o estilo não tem muito a ver com a moda. Ela passa, o estilo permanece". (...)
>
> Fonte: Revista *Veja*, Editora Abril, ano 30, nº 22, 4 de junho de 1997.

Aqui, como em todas as situações já vistas até o momento, o termo estilo aparece e mais uma vez com um significado totalmente diferente dos anteriores. A ambiguidade estabelecida entre as duas noções – a moda passa e o estilo permanece – traduz a própria ambiguidade da posição ocupada por tais profissionais. Isso que se chama de estilo aqui representa o sucesso de uma *solução racional de conflitos gerados pela variação da moda*. Tal uso do termo tem tido sua importância continuamente ampliada, uma vez que se tornou um dos traços de distinção dos profissionais da área, além do fato de o próprio mercado editorial ter se ampliado consideravelmente na década de 1990: a maior parte dos títulos de revistas atualmente encontrados nas bancas é de origem recente. O mercado profissional dos produtores de moda sofreu uma ampliação considerável, com isso, justamente no momento em que as tais "regras de bom gosto" já se tinham generalizado e estavam, de certo modo, formuladas. Elas serviram, portanto, de esteio para a ampliação desse mercado e hoje se encontram largamente difundidas. O que explica que encontremos suas aplicações para além do mercado editorial: estão nas novelas, nos bastidores dos programas de televisão, nas agências de propaganda, nos estúdios de fotografia, e assim por diante.

Contudo, tais profissionais não estão apenas a meio caminho entre os criadores e os consumidores. Estão também a meio caminho entre os jornalistas "informados" e os leitores "desinformados". Estar a meio caminho entre um e outro também tem implicações específicas tanto na constituição de tais regras quanto na relação entre eles e as duas pontas entre as quais eles se situam. Significa, por um lado, que eles estão "abaixo" dos jornalistas e aquém das importantes informações noticiadas. O trecho abaixo, que faz parte de um dos primeiros livros escritos no Brasil sobre produção de moda, talvez seja um dos mais expressivos que há a respeito do conflito vivido pela área perante o jornalismo. É igualmente expressivo do momento em que foi escrito, quando a área ainda não havia se profissionalizado e, portanto, ainda buscava seus alicerces:

> Em alguns jornais, a "parte" de moda não recebe o *status* de uma editoria. Permanece como uma *seção*, sem especialidades, semelhante às de passatempos, palavras cruzadas, fofocas da cidade etc. (...) Por não ser reconhecido como integrante de uma editoria, seu salário é defasado em relação ao dos colegas jornalistas de outras especialidades. Por esse trabalho se afastar da cobertura jornalística, da informação e da crítica e passar a servir apenas como mais um espaço de mera divulgação ou para a publicação de anúncios velados, o jornalista de moda também se desvaloriza, seu trabalho é depreciado, perde aquela ligação com o leitor, característica básica da profissão, e curva-se a uma outra ligação: com o anunciante. (...) Note-se que esse desvirtuamento lança o jornalista de

moda numa espécie de limbo profissional. Nem são jornalistas – pois são privados de sua tarefa de se dedicar à informação – nem são publicitários – já que não ganham como tal! (...).

O valor do editorial de moda está em manter o público atualizado em relação aos lançamentos e tendências. Está em realizar a crítica, buscando critérios estéticos e pragmáticos. Estéticos, pelo lado criativo e artístico da criação de moda. Pragmáticos, porque a roupa é para ser usada no cotidiano, porque há períodos em que o consumidor anda de bolso vazio. Está em acompanhar, pelo prisma da moda, a flutuação dos comportamentos, a mudança nas correntes socioculturais (Joffily, 1991, p.10-2).

Outro dos motivos que os faz estar "abaixo" é o fato de a maioria esmagadora não ter formação em jornalismo, não provir de uma área com formação específica para a "informação". Mas não consideram a si próprios como ocupando a mesma posição de desinformação que caracteriza a maioria dos leitores de tais revistas ou jornais. Tal situação traduz-se na constituição de uma posição ambígua, marcada pelo fato deles almejarem a informação, embora não estejam entre os "informados", e por recusarem qualquer identificação com a massa anônima de "desinformados". A instituição de regras com base em um saber "racional" permite a criação de um espaço que neutraliza tanto o rebaixamento impresso pelos jornalistas quanto a identificação com a ignorância: incute-lhes o crivo da informação e permite que uma diferença visível se estabeleça perante os leitores desinformados.

Instituído segundo critérios "racionais", não há tensão interna nesse sistema de saber, nas regras que permitem estabelecer o certo e o errado para o ato de se vestir. A tensão está em se fazer ou não um uso adequado desse saber, ou seja, está na *ação individual* de cada um. Ou, mais especificamente, de cada um dos consumidores ou dos leitores que ignoram o que deve ser feito com uma simples peça de roupa. É esse leitor, individualmente, que exibe um componente de erro ou não, retirando dos produtores de moda a possibilidade do risco próprio ao uso desse saber. Se houver algum componente de culpa que o uso de uma roupa possa comportar, então esta é transferida aos consumidores, só inocentados quando da demonstração de alguma forma de conivência, mesmo que inconsciente, com o saber que está sendo defendido. Ou, dito de outra maneira, toda possibilidade de culpa pela posição ocupada é transferida aos consumidores, estando os produtores de moda *isentos* dela.

A fronteira entre o "saber" e a "ignorância" precisa ser constantemente vigiada e, para a segurança da posição ocupada por tais profissionais, mantida longe. Isso faz com que tanto a legitimidade quanto a racionalidade desses produtores de moda residam na atribuição de culpa, erro ou ignorância aos consumidores individualmente. A instituição de um saber sobre a moda fundado em critérios taxionômicos e "racionais" (como "tipos" de corpos, de personalidades, de roupas etc.) permite a constituição de uma posição *neutra* diante dos vários conflitos. Por trás da armadura de um saber racional e aplicável a toda sorte de situações, essa neutralidade assume ares de inocência e aponta a ignorância alheia a ser corrigida. Parte da legitimidade e da racionalidade próprias à área, e a essa postura de "procuradores" do bom gosto, reside nisto também, no fato de que essa ignorância pode ser flagrada e exibida publicamente. Aos indivíduos é permitido o *status* de andar trajado correta ou ridiculamente, de exibir conhecimento ou ignorância, de realçar a beleza ou os defeitos.

Qualquer ação não pautada nesses critérios racionais é, inevitavelmente, alvo de críticas. Contudo, uma vez que sua posição se marca pela sujeição àqueles que estão acima, o "mau gosto" passa a ser, muitas vezes, tolerável para aqueles que ocupam uma posição social de destaque, mas nunca tolerável quando se referem às pobres "imitações":

Com que Roupa?

Confusões são inevitáveis, mesmo entre famosos e bem-nascidos. O convite da recente festa de aniversário da colunista social Joyce Pascowitch, da *Folha de S.Paulo*, explicitava como traje o *tenue de ville*.

A maior parte dos homens, para não errar, vestiu terno de padrão único. O *tenue de ville*, bem mais liberal, aceita a combinação de casaco e calça diferentes, com gravata. O apresentador de TV Zeca Camargo até teria tirado 10 em etiqueta se não tivesse esquecido a gravata em casa. Atenção: gente famosa, em especial do meio artístico, tem o direito de ousar, inclusive em virtude da profissão. Mas *blazer* com mangas dobradas só, apenas e exclusivamente Roberto Carlos.

(...) A liberdade também tem limites, sobretudo os do bom gosto e da estética. A apresentadora Hebe Camargo é *hors-concours* nesse julgamento. Só ela pode ir a uma festa ou aparecer na televisão com um vestido verde-bandeira-amarelo-gema, de fendas abissais, e ainda receber aplausos. As suas fãs baixinhas e gordinhas, no entanto, ficam proibidas de copiá-la. Roupas com babados e estampas escandalosas também estão condenadas, sob risco de a mulher ser confundida com um embrulho de presente.

Fonte: Revista *Veja*, Editora Abril, ano 27,
n° 18, 4 de maio de 1994.

Embora a constituição de um saber "racional" sirva de instrumento de controle para as mais diversas situações, ela comporta uma evidente ambiguidade em função da posição intermediária por eles ocupada. Não é possível neutralizar as duas pontas da relação. E como cada uma delas tem pesos hierárquicos diferentes, uma está acima, outra abaixo, estabelecem-se relações de "controle" distintas. Pode-se apontar o "mau gosto" das celebridades que são a "notícia", mas ele precisa, por motivos que fogem ao controle da área de produção de moda, ser aceito. Vigiar a fronteira entre o saber e a ignorância significa também vigiar a distância hierárquica existente entre as pessoas.

Mas mesmo essa vigilância hierárquica mostra-se ambígua. Há um saber, um conjunto de regras que deve ser seguido por todos, e, quando não seguido, quando dele não se faz um uso adequado, evidentemente a culpa e a punição devem recair sobre os consumidores, na ação individual de cada um deles. Fica claro, portanto, que o foco de atenção de tais profissionais é o uso *individual*: possível, esperado, pretendido ou observado. Deslocar o foco de atenção para os consumidores individualmente também comporta outras implicações. Vejamos esta aparentemente banal matéria de moda. Nela vemos o uso de uma única peça de roupa – uma minissaia, no caso – e a sua possibilidade de aplicação a diversos estilos:

> Mini é o Máximo
>
> Sainhas, vestidinhos. Tudo curtinho, no diminutivo mesmo. É a primavera colocando as pernas de fora. Como a onda é mudar de tribo dependendo do humor e da hora, agende-se para arrasar no visual todos os dias da semana. De romântica a radical, vale tudo na estação das flores.
>
> segunda-feira COLLEGE [foto de modelo trajando uniforme escolar com camisa branca, colete xadrez e minissaia preta]
>   Conquistar o professor de inglês
>   Pedir aumento da mesada
>   Comprar ovinhos Kinder
>
> terça-feira RADICAL [foto de modelo trajando camiseta branca, minissaia de couro preta, coturno e meias pretas, cabelo com trancinhas "rastafári"]
>   Assistir ao show do Sepultura no Maracanãzinho
>   Brigar com o pai, a mãe, a irmã, o namorado...
>   Ser contra, contra, contra!
>
> quarta-feira PATRICINHA [foto de modelo trajando minissaia preta, camiseta branca com uma listra preta na horizontal, sapatos sociais e cabelo liso]
>   Namorar o mauricinho mais bonito do colégio
>   Visitar a madrinha em Curitiba
>   Pedir ao pai uma viagem para Miami
>
> quinta-feira BRECHÓ [foto de modelo com top e batom cor-de-rosa, minissaia roxa com desenhos cor-de-rosa, bolsa e sapatos pretos]
>   Fuçar o baú da vovó
>   Curtir os discos e o topete do Elvis Presley
>   Dançar no clube mais descolado da cidade

sexta-feira ROMÂNTICA [foto de modelo trajando vestido curto com estampa florida]
   Sonhar com o Evan Dando, do Lemonheads
   Passar o diário a limpo
   Comprar flores do campo para enfeitar o quarto

sábado de manhã HIPPIE [foto de modelo com vestido curto liso em tom cru e bolsa-carteiro de couro marrom]
   Pegar a carteirinha de militante do Greenpeace
   Trocar o pôster do John Lennon por dois discos da Janis Joplin
   Aprender aquela receita de arroz integral com broto de alfafa

sábado à noite SENSUAL [foto de modelo com vestido curto preto e decotado, sapatos pretos e brincos prateados em forma de coração]
   Namorar, namorar, namorar...
   Tomar champanhe à luz de velas
   Seduzir aquele carinha de 25 anos que não está nem aí

domingo de manhã ESPORTIVO [foto de modelo trajando vestido branco sem mangas curto com bolso canguru e tênis branco]
   fazer a série de alongamento que saiu na *Corpo a Corpo*
   Reforçar o café da manhã com granola
   Garantir a primeira fileira no jogo de vôlei Brasil X Canadá

domingo à noite BÁSICO [foto de modelo trajando camisa branca, minissaia jeans e tênis preto com solado branco]
   Dar uma geral no armário
   Conferir as fofocas com a Sandrinha que voltou de Ubatuba
   Ligar para todos os amigos e ver o que vai rolar na semana que vem

Fonte: Revista *Atrevida*, ano I, n° 1, setembro, 1994.

Aqui se verifica a mesma ambiguidade: a composição de "tipos" tendo como referências ambientes ou grupos sociais – *college*, patricinha, brechó, *hippie*, esportivo – e traços de personalidade – radical, romântica, sensual, básico – por meio de uma estratégia, ou postura, de decodificação, feita de forma indistinta, perante cada um deles. Ao deslocar o foco de atenção para as ações individuais dos consumidores, são *neutralizadas*, ou mesmo ignoradas, as diferenças sociais em jogo entre esses diversos tipos. Às variações de tipo são atribuídas um caráter "psicológico", como se cada uma delas fosse uma forma de expressão de um "estado de espírito" particular. Mas não só isso. Além das roupas, todos os demais sinais de distinção dos grupos, como comida, músicas, ambientes preferidos para serem frequentados etc., são incorporados a esse sistema de classificação. Há um sentido específico por trás dessa postura e que se expressa logo na frase de abertura da matéria: "(...) a onda é mudar de tribo dependendo do humor e da hora".

E quando a matéria, na mesma página de abertura, diz que "vale tudo na estação das flores", na verdade "vale tudo sempre" e "vale tudo nunca". Ao dizer que "vale tudo", fica claro qual é esse sentido que está por trás: toda *apropriação* dos mais diversos símbolos de expressão é supostamente *neutra* e *legítima*, uma vez que se baseia em critérios de classificação pretensamente "racionais". Mas "vale tudo nunca", pois toda ação individual que não se mostrar adequada à aplicação de tais critérios será alvo de condenação e de punição. Todas as ações individuais são permitidas, *desde que* sejam capazes de mostrar que expressam corretamente os critérios "racionais" estabelecidos para o bom gosto e a estética.

A consequência direta da importância e do significado dessa decodificação é que, por meio dela, os grupos são pensados e identificados. A associação ou dissociação entre os indivíduos e os grupos é pensada através da exibição conveniente ou não de tais símbolos. Projetos, planos, conhecimentos, experiências de vida são informações risíveis que só adquirem significado quando seu valor de decodificação fica claramente expresso. Há uma outra consequência que deriva diretamente dessa necessidade de pensar a sociedade por meio de traços aparentes que possam ser decodificados: a sociedade aparece, como que por milagre, isenta de conflitos sociais, como se nela só existissem conflitos entre gostos, comportamentos e estados de espírito.

Trata-se, isso tudo, da forma específica pela qual determinados sentimentos ganham expressão. Institui-se um ponto de observação neutro que permite isentar as pessoas da posição ocupada na hierarquia em jogo. A apropriação vista acima não é outra coisa senão a expressão, por meio de sua inversão, de ações sobre as quais não se tem nenhum controle e às quais esses profissionais estão sujeitos. A neutralidade também é ambígua. Ela isenta as pessoas de qualquer possibilidade de serem julgadas instituindo suas próprias regras de julgamento. Esse é o sentido do trabalho dos profissionais da área. É o sentido, também, das muitas frases utilizadas por eles em editoriais e matérias de moda, tais como: "A moda faz parte da época, o estilo faz parte de você", ou "Estilo é o modo de dizer ao mundo que você é única" [6]. Formula-se uma postura pela qual se permite pensar a própria posição na estrutura social como supostamente "superior", pois pautada em critérios "racionais" de bom gosto. Em outros termos, permite pensar que "se está na moda" supondo-se acima dela.

---

6 Frases o livro da já citada Glória Kalil e que posteriormente foram publicadas em um caderno de propaganda da marca de calçados *Vizzano*, distribuído como encarte em várias revistas de moda no segundo semestre de 1997.

5
A EXPERIÊNCIA DO *STATUS*

    Estava esperando para ver um dos desfiles do Morumbi Fashion de fevereiro de 1997 quando um pequeno episódio, sem nenhuma importância maior para quem quer que fosse, ocorreu. Havia uma imensa fila de pessoas com o convite à mão para ver o desfile. Não era o meu caso. Minha entrada lá era possível graças a um crachá que eu portava, idêntico ao da imprensa. Por acaso, à minha frente na fila estava uma importante e conhecida consultora de moda. Um segurança, trajando um terno, permitia ou não a entrada das pessoas. Quando chegou a vez da consultora entrar, foi barrada pelo segurança por não portar um convite ou um crachá. Evidentemente ela, talvez não ali, naquele momento, deveria ter ou um ou outro, se não os dois. O fato é que, diante daquele impedimento, a consultora ruborizou e ficou sem ação. Não esboçou um "a" sequer. Estava claro que um pequeno caos havia se instaurado em sua vida, caos que durou poucos segundos, pois uma das moças da assessoria de imprensa viu o que estava se passando e veio interceder. Ela virou-se para o segurança e disse, num tom que mesclava o espanto de ver uma celebridade barrada, uma celebridade do mundo da moda barrada num evento de moda, e uma certa inconformação com o incômodo gerado pelo segurança: "É a Fulana de Tal!!" O segurança, sem ação diante da frase que expressava claramente uma ordem para deixá-la seguir, nada fez a não ser esboçar um ar de acanhamento diante da situação. Era óbvio que ele desconhecia a identidade e a importância daquela celebridade. Eu, que estava um passo atrás de tudo isso, imaginava que, se à minha frente estivesse alguma personalidade dos esportes, da música ou das novelas, a reação do segurança teria sido outra. Talvez ele abrisse um largo sorriso e me barrasse, já que eu estava imediatamente atrás, para que a personalidade seguisse seu caminho com maior conforto.

Esse pequeno episódio, aparentemente banal, aciona uma série de fatores de vital importância para a compreensão não só do campo da moda, mas também das diversas experiências que estão em jogo ali. A primeira coisa que chama a atenção é que uma dada hierarquia foi momentaneamente comprometida. Por alguns instantes, o poder estava nas mãos de alguém que, dentro da estrutura geral da sociedade, ocupa a posição do expropriado. É apenas um pequeno detalhe, mas que lembra que o *status* que aquela celebridade goza e o prestígio que a ela é atribuído estão atrelados aos instrumentos que lhes dão prova de valor e de poder, aos instrumentos que permitem certificar ao indivíduo a posição que ele ocupa. Ali – o desfile, o evento de moda – estavam o ambiente e as condições que permitem a tais celebridades viver não apenas a experiência do prestígio, mas viver a certeza de que aquele prestígio é um *dom* que os habita. A imagem que ela faz de si mesma só adquire significado quando certificada por aqueles que lhe estão ao redor e que partilham as mesmas certezas.

Há várias coisas em jogo aqui. Crê-se no valor individual das pessoas, como se esse valor não necessitasse nenhum reconhecimento social. Esse valor individual, no entanto, só poder ser obtido quando diante de mecanismos sociais que lhe atribuam e lhe reconheçam o significado. As provas materiais ligadas àquele *status* específico só podem ser fornecidas por condições materiais também específicas. Ao integrar e circular pelo mesmo espaço que aqueles que são considerados representantes do poder – donos de indústrias, empresas, personalidades do *show business*, artistas em geral, *socialites*, estilistas, jornalistas renomados etc. –, circula-se também pelas evidências de que aquelas pessoas são a notícia, de que são o centro deflagrador de tudo o mais que acontece na sociedade. Mesmo o controle dessa informação – do que e de quem é notícia – está atrelado a uma homogeneização das evidências capazes de conferir realidade à crença de que se é a notícia. Está atrelado à crença de que aquelas pessoas são o centro da sociedade e assim a divulgam. A concorrência que os divulgadores estabelecem entre si para informar aquilo que eles creem tem como consequência a homogeneização das evidências de que aquelas pessoas são a notícia e da ilusão de que ali está a expressão irretocada da realidade social. Divulga, com isso, a crença no milagre da personalidade de cada uma dessas pessoas.

Era essa mesma crença inquestionável no valor individual das pessoas que estava esboçada na atitude da assessora de imprensa. O milagre da personalidade e o direito de pertença a um universo de privilégios foram resgatados no instante seguinte por meio da exclamação da assessora de imprensa, do tom de espanto diante de uma ordem hierárquica que não deveria sofrer abalo. "É a Fulana de Tal!!", como se o simples ato de proferir o nome dela fosse suficiente para alterar a ordem das coisas, permitir a entrada sem um convite ou um crachá e resgatar, desse modo, a ordem na qual as pessoas acreditam: de que o milagre da personalidade daquelas pessoas é inquestionável e de que desse milagre devem derivar as ações e as concessões. Mas isso não é a única coisa que esse tom de espanto traduz. A certeza de suas convicções está atrelada a uma profunda ignorância acerca do alcance daquilo que eles creem ser a notícia – esteja se falando de um indivíduo ou não – e do alcance dos mecanismos tidos como legítimos de divulgação e de informação. Ignorância de que possam existir outros mecanismos capazes de atribuir valor e significado baseados em crenças e em modelos éticos e de comportamento diferentes com os quais as pessoas possam se identificar. E ignorância de que o significado do *status* de cada um só pode ser pensado dentro de condições materiais e simbólicas específicas.

E ali estava o segurança, trajando seu terno e cumprindo uma função de autoridade que era resultado direto da força física que ele representava. Ali estava o hiato entre a imposição de uma ordem codificada, estampada na figura de seu terno, e a imposição de um valor pessoal, a força física, perante o qual os outros devem se curvar. Há algo de patético nisso tudo. A ordem codificada, expressa por sua roupa, só pôde ser divulgada enquanto tal por personalidades tais como aquela consultora, ela própria sendo reconhecida como uma das principais divulgadoras dessa representação codificada. A posição ocupada por aquele segurança também sofreu um pequeno abalo que podia ser claramente observado no acanhamento expresso em seu rosto, na obrigação de deixar passar descumprindo uma ordem que ele estava ali para cumprir, na compreensão de que sua figura talvez não representasse aquilo que ele imaginava representar.

Isso tudo toca em outro ponto importante. O episódio acima está claramente associado a uma descrição da hierarquia própria ao campo da moda. E ainda que se trate de um incidente sem nenhuma grande proporção, pois acidentes assim acontecem nos desfiles com uma certa frequência e com as mais diversas celebridades, sua ocorrência "lembra" a todos os envolvidos que há uma hierarquia a ser respeitada. E é exatamente esse o ponto. Em momentos anteriores desta pesquisa foi dito que a suposição de que a moda é uma estrutura dotada de centro não é a questão mais importante para sua compreensão. No entanto, há uma hierarquia que esse episódio, na sua aparente banalidade, nos faz recordar e que nos remete às seguintes questões: a ideia de que a moda é uma estrutura dotada de centro é tão somente uma crença bem fundamentada? Ou trata-se, de fato, de uma estrutura dotada de centro, com um polo dominante e, outro, dominado? São essas as questões que vêm à mente. Mas até que ponto são essas as questões que nos permitirão um conhecimento mais objetivo a respeito da moda?

Há um determinado espaço ou circuito social denominado como centro. As pessoas ali supõem-se ser o centro deflagrador de tudo o mais que acontece na moda. Mas vimos também que a moda permite a realização de outras racionalidades: outros sentimentos, visões de mundo, certezas, ilusões, modos de agir e de ser, modos de pensar a si mesmo e aos demais. O campo da moda não pode ser definido como o espaço de realização de uma dada racionalidade, e apenas dela. Tampouco é o espaço de realização de uma dada racionalidade em detrimento de outras que por meio da moda ganham formas específicas de expressão. Mas se a moda permite a expressão e a realização de diversas racionalidades, visões de mundo, modos de agir e sentir, o que faz com que algumas pessoas pensem a si próprias como o centro de todo esse universo? Como se dá esse processo capaz de fazer as pessoas crerem que aquelas que ocupam determinada posição possam ser de uma qualidade humana superior, de tal forma que pensem a si mesmas como os modelos a serem seguidos, aclamados e imitados[1]? E por que mesmo aqueles que não ocupam tal posição creem no milagre da personalidade daquelas pessoas e, muitas vezes, ambicionam uma posição equivalente?

Naquele espaço circulam tanto as pessoas que são consideradas "notícia" quanto aquelas que devem divulgá-las. Circulam, com isso, as evidências que permitem a tais pessoas terem a "certeza" de que o milagre da personalidade de cada uma delas é um *dom* que as habita. E, como vimos, há uma série de mecanismos que são acionados para regular a entrada e a pertença das pessoas a esse circuito tido como privilegiado. Quanto maior a força com que tais pessoas exercem o controle de tais mecanismos, apontando quais podem ou não ocupar tal espaço, excluindo aquelas que eles consideram inadequadas, maior é o controle sobre os mecanismos capazes de assegurar, a eles e aos demais, que aquele é um espaço "seleto". O controle efetivo de tais mecanismos, e a força resultante de sua aplicação, por si só garantiria a crença de que aquelas pessoas são de uma qualidade superior às demais. Mas a coisa não se resume nisso. Além de suporem ser de uma qualidade superior que as demais, são também aquelas que devem ser seguidas, aclamadas e imitadas. Supõem, por isso,

---

[1] Para uma sociologia das relações de poder, ver Elias & Scotson (2000).

serem o centro deflagrador de tudo o mais que acontece na moda e na sociedade.

Que processo é esse capaz de fazer as pessoas crerem que são não apenas de uma qualidade humana superior, mas também o centro deflagrador de todo um universo social que está para além delas mesmas? E por que até aqueles que estão fora desse espaço carregam consigo a mesma crença de que há um centro a partir do qual tudo o mais emana? Parte dessa resposta encontra-se, evidentemente, no controle efetivo dos mecanismos capazes de regular as entradas e as saídas de tal espaço. Mas não se pode esquecer que parte desse controle está diretamente ligada aos instrumentos de divulgação desse universo "seleto". Está nos jornais diários e nas revistas especializadas. Assim como está também nas novelas, nas propagandas e nas matérias de comportamento das mais diversas revistas. Está em todos os lugares onde esse universo de pessoas "seletas" possa figurar como modelo a ser seguido. A consequência é que a ideia de que há uma estrutura dotada de centro, de que são as ações daquelas pessoas que deflagram as demais, torna-se a *única* notícia divulgada. Nos dias que se seguem a esses eventos, essa é a única ideia estampada nos jornais e nas revistas, especializadas ou não no tema. Divulgam o evento, e através disso divulgam a crença de que tudo que ali pode ser observado é resultado unicamente do carisma daquelas pessoas, do milagre de suas personalidades. A concorrência que os veículos de informações fazem entre si para divulgar aquele universo "seleto" colabora para sua homogeneização enquanto informação. A "notícia" ganha estatuto de realidade: é a *única* ideia divulgada e considerada, portanto, como inquestionável. Não importa o número de revistas ou de jornais que se leiam nos dias que se seguem ao evento, a única informação encontrada é aquela que diz respeito ao milagre da personalidade daquelas pessoas. O fato é que tais veículos de comunicação são, para quem quer que seja, e inclusive para muitos pesquisadores que têm a moda como foco de análise, o único acesso possível a qualquer "saber" a respeito do tema. Exatamente por ser o único. A ideia de que a moda é uma estrutura dotada de centro adquire, diante disso, o estatuto de "saber" inquestionável a seu respeito. Torna-se, inclusive, o ponto de partida e o de chegada de diversas pesquisas acadêmicas sobre o tema, possibilitando que a ideia de que a moda seja uma estrutura dotada de centro seja reproduzida na forma de saber legítimo, consagrado.

O que não se pode perder de vista é que a produção e a circulação dessa informação são instrumentos específicos de realização de certas formas de pensar, de agir, de sentir e de exprimir-se específicas. São instrumentos, dentre muitos outros, que permitem às pessoas terem a certeza de seu prestígio, de seu valor e de seu *status*. O fato de que mesmo aqueles que estão fora desse centro nele acreditem é que ele se constitui, aos olhos de todos, como uma decorrência do milagre da personalidade daquelas pessoas, sendo, ao mesmo tempo, um dos principais estímulos para que não exista outra ideia a ser divulgada. Estímulo que ganha projeção na forma de ideais, de sonhos, de expectativas de realização pessoal e de ambição de partilha de uma experiência comum de vida, uma experiência do prestígio. Ali a ambição, o sonho, a fantasia, a crença de que o prestígio é um *dom* que habita tais pessoas encontram a possibilidade de realização, a possibilidade da "certeza".

Mas a coisa não se esgota aqui. A consultora, assim como a maioria esmagadora das pessoas daquela fila, vinha trajando o preto, que dentro da linguagem codificada que se divulga é tido como algo elegante, que pode ser usado nas mais diversas situações sem provocar constrangimento para quem o usa, e indicativo das pessoas que entendem de moda ou que estão diretamente ligadas a sua produção e a sua criação. Ela vinha, portanto, trajando a "prova" tanto de sua ligação com a moda quanto de seu saber "racional" a respeito do tema, o certificado de que ela estava elegante dentro daquela situação específica e que, portanto, poderia circular imune a críticas e a constrangimentos.

Esse também não é um detalhe banal. Nem o pequeno constrangimento por ter sido barrada por alguns instantes. Isso só lembra o quanto é tênue a linha que separa o indivíduo, o valor e o significado que ele enxerga em si mesmo, de sua existência social. E que esse indivíduo vive constantemente a tensão de precisar certificar não apenas a si próprio, mas a todos que o cercam, da imagem que ele faz de si mesmo. Não se trata, portanto, de indivíduos que vivem a ilusão de uma personalidade. Não é isso. Se as crenças e os valores em jogo encontram respaldo é porque estão inseridos em contextos que lhes confiram realidade. E isso para cada uma das pessoas que ali estão envolvidas. Não é a ilusão da criatividade que faz com que, por exemplo, o estilista pense a si próprio como criador. O que permite a ele pensar-se como criador é tanto a crença, compartilhada por todos aqueles que lhe estão ao redor, de que ali está um criador quanto o respaldo dado por condições materiais específicas e capazes de lhe atribuir a cota de certeza necessária.

O que confere uma forma própria ao campo é justamente isso: a possibilidade de que determinadas crenças e de que determinados valores ganhem força de realidade e permitam aos indivíduos imprimirem um sentido específico a suas ações, assim como um significado para a posição que eles ocupam no interior tanto do campo da moda quanto da estrutura social como um todo, para o *status* e para a imagem que eles concebem de si mesmos. A crença de que o criador ocupa a posição central nesse jogo não é em nenhum momento abalada porque se vê respaldada também por uma outra certeza maior: de que a trajetória individual é um percurso que se faz e que se fez, e que essa trajetória não é tributada socialmente. E essa certeza não sofre abalo. Sob diversas formas a moda nos mostra que ela ganha força de realidade quando os sentimentos envolvidos ganham expressão simbólica, quando diante de condições materiais capazes de lhe conferir realidade, e quando as apostas e os investimentos individuais encontram uma possibilidade de realização.

E o tempo todo esse é o jogo que está sendo jogado. A moda, nesse sentido, não é um ente que misteriosamente adquire forma própria e pelo qual os indivíduos são tragados. Ela não determina mudanças sociais. E não as expressa, tão só. Nela estão depositados valores, crenças, expectativas, interesses, ilusões, sonhos, experiências. E quando tudo isso encontra condições materiais próprias, passa a adquirir força de realidade, a aglutinar pessoas que compartilham as mesmas expectativas e os mesmos interesses, a fazer valer a crença na realidade de cada uma dessas coisas. A moda é, com isso, indissociável da possibilidade que ela representa de permitir que determinados sentimentos ganhem expressão simbólica. Não é fortuito, portanto, que a linha entre a experiência individual e a experiência social não possa ser traçada.

É isso que aquele pequeno incidente com a consultora de moda nos mostra. E mostra também que os indivíduos e os grupos sociais têm um envolvimento direto, deliberado ou não. Os sentimentos que estão em jogo e que ganham expressão simbólica ali trazem consigo toda a tensão presente nesse envolvimento. Os usos possíveis para o termo estilo talvez sejam o melhor exemplo disso. E da mesma maneira que se pode observar uma variação no termo estilo, pode-se observar uma variação homóloga no termo personalidade. E nos demais termos utilizados para expressar sentidos semelhantes. O estilo, assim como a personalidade, ganha significados diferentes porque expressa formas diferentes de envolvimento entre grupos sociais distintos, porque inserido em contextos diferentes é capaz de lhe atribuir forças de realidade igualmente distintas.

Instrumentalizam-se, com isso, os caminhos que os indivíduos e os grupos sociais têm diante de si para seguir, fornecem-se os modelos por meio dos quais cada um dos diversos sentidos vistos se torna realizável. Ou seja, cada uma das racionalidades em jogo institui um discurso, uma ação e uma forma de expressão com características específicas e uma relação particular com a roupa e com a sociedade. Daí provém uma dinâmica e uma forma próprias ao campo da moda. Ele confere um contorno específico a tais racionalidades, ou, mais especificamente, aos conflitos gerados por elas, ao dar expressão às formas possíveis de solução desses mesmos conflitos. É por isso, também, que o termo estilo, apesar de ser de uso comum, possui diferentes significados de acordo com quem está falando e com os respectivos interesses em jogo.

O local onde todo esse conflito acontece é não somente a sociedade em questão, palco das tensões sociais, mas também as pessoas individualmente. Cada racionalidade fornece, ou põe à disposição, os procedimentos e os recursos necessários para que um determinado sentido se torne realizável. E esse conflito começa sempre que as ações e as tomadas de posição mais ordinárias do cotidiano são necessárias, já que é por elas que se exprime o sentimento de partilhar uma dada experiência comum de vida.

Como mostrar ao mundo que o sucesso profissional é resultado de um talento pessoal sem exibir as conquistas sociais, a conquista de uma posição de privilégio, e sem exibir tudo aquilo capaz de tornar esse privilégio visível para os outros? São inúmeros os casos, por exemplo, de pessoas que ganham uma posição de destaque em função de seus "talentos pessoais", em especial aqueles ligados ao corpo e a sua exibição: modelos, dançarinas, jogadores de futebol etc. Contudo, para continuarem ocupando aquelas posições de destaque, precisam dar provas de que têm o direito de pertencer àquele universo de privilégios. Parte dessas provas consiste exatamente em partilhar essa experiência de vida marcada pelo requinte e pela distinção. Vemos, com isso, essas modelos, dançarinas, esses jogadores de futebol passando a aparecer nas revistas mostrando suas casas, agora "luxuosas", suas roupas, agora provenientes da alta costura internacional, e outras "provas" semelhantes de que partilham a experiência de vida do prestígio e, principalmente, a experiência do "merecimento" desse prestígio. Mas não é só nesses casos que esse conflito, que os indivíduos sentem com toda a sua força, ocorre. Como mostrar ao mundo que se é individualmente melhor, mas, ao mesmo tempo, pobre de recursos e parte integrante de um grupo privilegiado, seja esse privilégio qual for? Como mostrar ao mundo que se é único sendo igual a muitos? Como crer que se é portador de um saber melhor que os demais embora sem a utilização do saber oficial e legítimo das instituições de ensino e da "alta cultura"?

Se tomarmos os indivíduos, isoladamente, parece não ficar muito claro qual a linha limítrofe entre as diversas racionalidades que compõem o campo da moda. O acidente com a consultora de moda e o hiato representado pelo segurança lembram isso. Não há uma linha limítrofe entre a experiência individual e a experiência social, mas há entre essas racionalidades, e ela vai até onde permite ir o sentido de cada uma delas. O sentido é aquilo que sinaliza, que aponta cotidianamente as direções, os significados e os instrumentos de julgamento necessários para que as ações individuais adquiram significado. E esses significados ganham mais força de realidade cada vez que os mecanismos para sua expressão simbólica são reiterados e renovados. O campo da moda é isso: essa tensão constante entre esses diversos valores, entre essas diversas crenças, entre essas diversas expectativas e entre as experiências que ali se tornam possíveis, que ali ganham uma forma de expressão e, portanto, uma possibilidade de realização.

Onde há um interesse específico na designação de proximidade com "qualidades" de nível superior, com o prestígio e com o "centro" da sociedade, os sentimentos ganham expressão simbólica através de ideais e de instrumentos que permitem assegurar ao indivíduo que ele é parte indissociável de um dado modelo de qualidade, e de que esse é o modelo, por excelência, que a sociedade deve seguir. Ganham expressão também pela renovação dos símbolos de uma ordem baseada na autoridade e na legitimidade da distância social, na designação dos *status* próprios às posições de prestígio e de destaque na estrutura social. E ganham expressão por meio da crença no milagre da personalidade e da ilusão de que os instrumentos materiais que o permitem são o retrato fiel da realidade social e da posição central que tais pessoas pensam ocupar.

Onde a posição ocupada na estrutura social é uma contingência, onde a marca principal é a da exclusão dos meios reconhecidos como legítimos de promoção e de reconhecimento sociais, os sentimentos ganham expressão simbólica através da projeção de ideais pessoais, de ideais de conquistas. Ganham expressão pela identificação com os artistas e os personagens de novelas, com os ídolos da música e do esporte, e no uso particularizado dos termos atitude e estilo. Ganham expressão, também, na ênfase às qualidades individuais que as peças de roupa podem representar.

Mas essa "instrumentalização" a que se fez referência mais acima não deve, em nenhum momento, ser tomada como equivalente a uma mecanização ou a um determinismo das ações, a uma impossibilidade de que novas racionalidades possam, de alguma forma, advir. O campo da moda é também a tensão constante entre os mecanismos capazes de conferir realidade a cada uma dessas coisas. Vimos como a arte é requisitada para atribuir significado às ações e às criações em situações absolutamente distintas. Em cada uma dessas situações os sentimentos que estavam envolvidos ganhavam formas diferentes de expressão. A arte que justifica o criador e seus desfiles é a mesma que justifica a composição de um catálogo de fotos, a mesma que justifica a crença numa qualidade superior. E é a mesma que justifica um saber revelado e acompanhado de uma aplicação prática industrial. As crenças e os valores ligados à moda podem, desde que diante de diferentes condições capazes de lhes atribuir significado, gerar caminhos diferentes a serem trilhados, ganhar força de realidade por meio de outros mecanismos e através da impossibilidade de estabelecer uma linha divisória entre a experiência individual e a sua tributação social.

Onde o inexplicável precisa ser explicado, onde o intraduzível precisa ser traduzido, onde o imprevisível precisa ser previsto, os sentimentos envolvidos ganham expressão simbólica pelos ideais que transformam a crença em realidade observável, a insegurança em mudança, a incerteza em convicção. Os sentimentos ganham expressão simbólica também pelos ideais capazes de mesclar valores contrários, como o *dom* da percepção e a certeza de que não há nenhuma força mágica por trás dessa percepção, como a arte e a indiferença a tudo aquilo que não tenha uma aplicação prática. São interesses, crenças e valores que adquirem uma realidade própria porque permitem aos indivíduos que eles assumam uma posição dentro do campo e da sociedade e, de alguma forma, dão-lhes garantias e certificam-lhes a segurança da posição ocupada. Mesmo onde a identificação com a área de criação é um atributo a ser negado, mas onde se recusa uma identificação com tudo aquilo que o saber culto e legítimo considera desprezível, os sentimentos ganham expressão simbólica por meio do ideal da imunidade, de saber que, se aplicado, permite a tais indivíduos pensar que estão imunes aos próprios conflitos que caracterizam a área. É isso também que aquele pequeno acidente com a consultora de moda nos lembra. O preto, que se tornou a representação codificada desse ideal de imunidade, estava ali presente em quase toda a fila de espera. Para quem estava ali, e talvez para todos os demais que estivessem vendo aquilo, era exatamente isso que o preto representava. Mas representava apenas para aqueles que partilhavam as mesmas crenças, as mesmas convicções, e depositavam naquela representação codificada a mesma certeza. Essa certeza, contudo, esvaece sempre que esbarra em condições que não lhe reconhecem e não lhe conferem força de realidade.

O relevo que o campo da moda apresenta, portanto, só pode ser entendido quando se compreendem quais as convicções em jogo e sob quais formas específicas elas adquirem realidade. Além disso, a moda permite, em função dos sentimentos envolvidos e da forma pela qual eles adquirem expressão simbólica, dizer verdades que, se fossem ditas de outra maneira, seriam insuportáveis. Ela apaga tudo aquilo que possa haver de desencantador para os indivíduos e os grupos em jogo. Onde a verdade da posição social, seja qual for, precisa ser negada, recusada ou encoberta, onde ela é, por algum motivo, insuportável para o indivíduo, passam a adquirir significado todos os instrumentos necessários para enfatizar a verdade dos traços pessoais. Onde a consequência das desigualdades sociais é um tema a ser hostilizado, onde a responsabilidade pelas ações individuais precisa ser recusada, onde a autoridade é isenta de deveres e plena de direitos, os privilégios sociais, assim como todos os símbolos que possam ser utilizados como indícios de tais privilégios, são acionados como prova de um merecimento "natural" pela posição ocupada pelo indivíduo. Onde a percepção é incapaz de ser sensível, onde a pesquisa é incapaz de ser objetiva, onde o rigor da análise é inviável, somente um saber que se crê revelado encontra espaço. E onde as oscilações próprias à área, os devaneios criativos, os saberes incertos, porém revelados, e os insistentes usos individuais são circunstâncias sobre as quais não se tem o menor controle, adquire legitimidade um saber que neutraliza para evitar ser neutralizado, que subjuga para evitar ser subjugado, que estabelece para si próprio o papel de medida de todas as coisas, que rebaixa aquilo que ultrapassa sua capacidade de sistematização e condena aquilo que está aquém, enfim, que neutraliza sua própria condição de espectador atribuindo-se o ar de crítica e a suposta autoridade para julgar a tudo e a todos.

REFERÊNCIAS BIBLIOGRÁFICAS

ARON, J-P., BOYER, P., OLIER, C. (Orgs.). *La Mode L'Invention*. Paris: Editions du Seuil, 1969.
BAILEY, A. *The passion for fashion*. London: Dragon, 1988.
BARROS, F. de. *Elegância: como um homem deve se vestir*. São Paulo: Negócio Editora, 1997.
BARTHES, R. *Sistema da moda*. São Paulo: Companhia Editora Nacional, 1979.
BAUDRILLARD, J. *Para uma crítica da economia política do signo*. São Paulo: Martins Fontes, 1972.
BERGAMO, A. O campo da moda. *Revista de Antropologia*, v. 41, n. 2, p.137-84, 1998.
_____. Elegância e atitude: diferenças sociais e de gênero no mundo da moda. *Cadernos Pagu*, n. 22, p.83-113, jun., 2004.
BONADIO, M. C. *O fio sintético é um show!*: moda, política e publicidade; Rhodia S.A., 1960-1970. Campinas, 2005. Dissertação (Tese de Doutorado) – IFCH/ Unicamp.
BOURDIEU, P. *A economia das trocas simbólicas*. São Paulo: Perspectiva, 1974.
_____. *La Distinction*. Paris: Les Editions de Minuit, 1979.
_____. *Questões de Sociologia*. Rio de Janeiro: Marco Zero, 1983.
_____. L'Illusion Biographique. *Actes de la Recherche en Sciences Sociales*. Paris: n. 62-63, p.69-72, 1986.

BOURDIEU, P. *Lições da aula:* aula inaugural proferida na Collège de France em 23 de abril de 1982. São Paulo: Ática, 1988.

_____. *As regras da arte.* São Paulo: Companhia das Letras, 1996.

_____. *Sobre a televisão.* Rio de Janeiro: Zahar, 1997.

_____. *O poder simbólico.* Rio de Janeiro: Bertrand Brasil, 1998.

BOURDIEU, P., DELSAUT, Y. Le couturier et sa grife. *Actes de la Recherche en Sciences Sociales.* Paris: n. 1, p.7-36, 1975.

CALDAS, D., QUEIROZ, M. O novo homem: comportamento, moda e mercado. In: CALDAS, D. (Org.). *Homens.* São Paulo: Senac, 1997. p.147-61.

CERTEAU, M. de, MAYOL, P., GIARD, L. *A invenção do cotidiano – 2*: morar, cozinhar. Petrópolis: Vozes, 3.ed., 2000.

COHN, G. (Org.) *Comunicação e indústria cultural.* São Paulo: Companhia Editora Nacional, 1975.

ECO, H. *Apocalípticos e integrados.* São Paulo: Perspectiva, 1998.

ELIAS, N. *Introdução à Sociologia.* Lisboa: Edições 70, 1981.

_____. *El proceso de la civilización:* investigaciones sociogenéticas y psicogenéticas. México: Fondo de Cultura Económica, 2.ed., 1993.

_____. *A sociedade dos indivíduos.* Rio de Janeiro: Zahar, 1994.

_____. *Mozart:* sociologia de um gênio. Rio de Janeiro: Zahar, 1995.

_____. *A sociedade de corte*: investigação sobre a sociologia da realeza e da aristocracia de corte. Rio de Janeiro: Zahar, 2001.

ELIAS, N., SCOTSON, J. L. *Os estabelecidos e os outsiders:* sociologia das relações de poder a partir de uma pequena comunidade. Rio de Janeiro: Zahar, 2000.

GIBERT, V. L. P. *Entorno acadêmico e industrial têxtil no vestir e morar brasileiros.* São Paulo, 1993. Dissertação (Tese de Mestrado) – ECA / USP.

HAMBURGER, E. (1998). Diluindo fronteiras: a televisão e as novelas do cotidiano. In: NOVAIS, F. (Coord.), SCHWARCZ, L. (Org.). *História da vida privada no Brasil.* São Paulo: Companhia das Letras, 1998. v. 4, p.439-87.

_____. *O Brasil antenado*: a sociedade da novela. Rio de Janeiro: Zahar, 2005.

HARTLEY, E. L., HARTLEY, R. E. "*Status*" social e papel social. In: CARDOSO, F. H., IANNI, O. (Orgs.). *Homem e sociedade.* São Paulo: Companhia Editora Nacional, 1965. p.69-74.

HOPKINS, C. *A ciência da propaganda.* São Paulo: Cultrix, 1993.

JOFFILY, R. *O jornalismo e produção de moda*. Rio de Janeiro: Nova Fronteira, 1991.

KALIL, G. *CHIC*: um guia básico de moda e estilo. São Paulo: Senac, 6.ed., 1997.

KONIG, R. *Sociologia de la moda*. Buenos Aires, México: Ediciones Carlos Lohlé, 1968.

LIPOVETSKY, G. *O império do efêmero:* a moda e seu destino nas sociedades modernas. São Paulo: Companhia das Letras, 1989.

MICELI, S. *A noite da madrinha*. São Paulo: Perspectiva, 1972.

_____. Introdução: a força do sentido. In: BOURDIEU, P. *A economia das trocas simbólicas*. São Paulo: Perspectiva, 1974. p.VII-LXI.

_____. Norbert Elias e a questão da determinação. In: WAIZBORT, L. (Org.). *Dossiê Norbert Elias*. São Paulo: Edusp, 1999. p.113-27.

_____. *Intelectuais à brasileira*. São Paulo: Companhia das Letras, 2001.

PARSONS, T. Papel e sistema social. In: CARDOSO, F. H., IANNI, O. (Orgs.). *Homem e Sociedade*. São Paulo: Companhia Editora Nacional, 1965. p.63-8.

PÉRETZ, H. Le vendeur, la vendeuse et leur cliente: ethnographie du pret-a-porter de luxe. *Revue Française de Sociologie*, v. 33, n. 1, p.49-72, jan./mar., 1992.

PONTES, H. *Destinos mistos*: os críticos do grupo Clima em São Paulo (1940-1968). São Paulo: Companhia das Letras, 1998.

_____. Modas e modos: uma leitura enviesada de O espírito das roupas. *Cadernos Pagu*, n. 22, p.13-46, jun., 2004.

_____. A paixão pelas formas. Novos estudos. *Cebrap*, n. 74, p.87-105, mar. 2006.

ROSENBERG, B., WHITE, D. M. (Orgs.) *Cultura de massa*. São Paulo: Cultrix, 1973.

SEVCENKO, N. A capital irradiante: técnica, ritmos e ritos do Rio. In: NOVAIS, F. (Coord.), SEVCENKO, N. (Org.). *História da vida privada no Brasil*. São Paulo: Companhia das Letras, 1998. v. 3, p.513-619.

SIMMEL, G. (1961). *Filosofia de la moda, cultura feminina y otros ensaios*. México: Editora Espasa Calpe, 6.ed., 1961. p.109-43.

SOUZA, G. de M. e. *O espírito das roupas*: a moda no século XIX. São Paulo: Companhia das Letras, 1987.

TELLES, V. da S. (1994). Pobreza e cidadania: precariedade e condições de vida. In: SOUZA MARTINS, H. de, RAMALHO, J. R. (Orgs).

Terceirização: diversidade e negociação no mundo do trabalho, São Paulo: Hucitec, Cedi/NETS, 1994. p.85-111.

TELLES, V. da S. Mutações do trabalho e experiência urbana. *Tempo social*, v. 18, n. 1, p.173-95, jun., 2006.

TENBRUK, F. H. The problem of thematic unity in the works of Max Weber. *The british journal of Sociology*, n. 3, p.316-51, set., 1980.

THOMAS, K. *O homem e o mundo natural.* São Paulo: Companhia das Letras, 1996.

TOUSSANT-SAMAT, M. *Historia técnica y moral del vestido.* v. 3 Madrid: Alianza Editorial, 1994.

VINCENT-RICARD, F. *As espirais da moda.* Rio de Janeiro: Paz e Terra, 1989.

WAIZBORT, L. Introdução. In: WEBER, M. *Os fundamentos racionais e sociológicos da música.* São Paulo: Edusp, 1995. p.23-52.

_____. (Org.) *Dossiê Norbert Elias.* São Paulo: Edusp, 1999.

_____. *As aventuras de Georg Simmel.* USP, curso de pós-graduação em Sociologia. São Paulo: Editora 34, 2000.

WARNKE, M. *O artista da corte:* os antecedentes dos artistas modernos. São Paulo: Edusp, 2001.

WEBER, M. *Ciência e Política – duas vocações.* São Paulo, Cultrix, 1972.

_____. *Economia y sociedad.* México: Fondo de Cultura Económica, 1974.

_____. *A ética protestante e o espírito do capitalismo.* São Paulo: Pioneira, 1988.

WILLIAMS, R. *O campo e a cidade*: na história e na literatura. São Paulo: Companhia das Letras, 1989.

SOBRE O LIVRO

Formato: 14 x 21 cm
Mancha: 23,7 x 42,5 paicas
Tipologia: Horley Old Style 10,5/14
Papel: Off-set 75 g/m² (miolo)
Cartão Supremo 250 g/m² (capa)
1ª edição: 2007
1ª reimpressão: 2012

EQUIPE DE REALIZAÇÃO

Coordenação Geral
Marcos Keith Takahashi

Edição de Texto
Casa de Ideias (*Atualização Ortográfica*)

Editoração Eletrônica
Casa de Ideias (*Diagramação*)

Impressão e acabamento